身体性認知とは何か
4E認知の地平

Embodied and Enactive Approaches to Cognition

ショーン・ギャラガー
Shaun Gallagher

訳・解説　田中彰吾
Japanese translation by
Tanaka Shogo

東京大学出版会

EMBODIED AND ENACTIVE APPROACHES TO COGNITION
by Shaun Gallagher

This translation of *Embodied and Enactive Approaches to Cognition* is published by arrangement with Cambridge University Press
through Japan UNI Agency, Inc., Tokyo

Shaun Gallagher, *Embodied and Enactive Approaches to Cognition*
Cambridge University Press, 2023
Japanese translation by TANAKA Shogo
University of Tokyo Press, 2025
ISBN 978-4-13-010161-5

身体性認知とは何か――4E認知の地平　目次

凡例

・原著者が引用文に言葉を補った箇所は〔　〕として示した。
・訳者が原著の文章に言葉を補った箇所は［　］として示した。
・訳者の判断で注を追加した箇所は（＊　）として示した。
・原著のイタリック箇所には傍点を付した。
・邦訳を確認できた文献については、（＊邦訳 p. ●）のように表示を補足した。
・邦訳のある引用箇所の訳文は参照したが、本書の文脈に合わせて訳し直した。

心を身体化する
本文への導入

田中彰吾

1　認知科学の歴史的背景

認知科学の成り立ち

身体性認知とは、身体的過程および身体と環境の相互作用が認知において重要な役割を果たすことを認める立場である。なぜこのような立場が必要なのかというと、認知および心を解明しようとする科学的アプローチにおいて、最近まで身体や環境という要因が重視されてこなかったからである。本文への導入として、認知科学の歴史をふり返りながらこの点を考えてみよう。なお、以下の考察は拙稿（田中 二〇二二）と重複する内容を一部扱っているので、もとの論考も参照していただけるとありがたい。

認知科学の誕生にとって重要な歴史的背景となっているのは、一九四〇年代から五〇年代にかけての計算機開発とそれにともなう「情報処理（information processing）」という観点の発展だった（Abrahamsen & Bechtel 2012; Gardner 1985; Johnson-Laird 1988）。計算機は、入力された情報を数値の演算規則に基づいて処理し、その結果を出力として表示する。ちなみに、初期の計算機が処理していたのはミサイルの弾道情報であり、最先端の軍事技術として開発されたのだった（Weiss 2021）。心の活動は計算機が得意とする数値の演算とは種類が異なるかもしれないが、広義の情報処理として理解できるかもしれない。人間の心もまた、外界から知覚とともに入力された情報を、記憶との照合、推論、判断、意思決定などの一定の処理を経て、行為として出力しているからである。

会話を例に取るとわかりやすいだろう。例えば、あなたが友人とおしゃべりしながら公園を散歩しているとき、「あそこに新しい銅像が設置されましたね」と言われる。あなたはその存在に気づいていなかったが、その一言をきっかけに友人の指さす方向を見ると、確かに銅像が見える。とはいえ、それほど大きくない銅像で、なんとなく前からそこに設置されていたような気がしないでもない。あなたはいかにも確信が持てないといった風の表情を浮かべ、友人に「あれ、あの銅像は前からあの場所にあったような気がするのですが……」と答える。

このささやかな言葉のやり取りには、入力から出力に至る一連の情報処理過程が含まれている。友人と会話するあなたの心では、聴覚を通じて相手の音声を聞き取る「知覚」、言葉の意味を理解する「言語処理」、銅像の方向に視覚を向ける「注意」、実際に銅像があることを確かめる「判断」、以前からそこに銅像があったかどうかを想起する「記憶」、確信を持てない状況が喚起する不確かさの「感情」、相手にどう返答するか組み立てる「意思決定」といった各種の情報処理が生じているだろう。あなた自身がこれら一連の過程を明確に自覚しているかどうかは別にして、「あそこに新しい銅像が設置されましたね」という情報の入力は、「あれ、あの銅像は前からあの場所にあったような気がするのですが……」という情報の出力へと変換される。

心の活動は、ミサイルの弾道計算のような数値の演算とは違った種類の情報処理に見える。だが、意味ある情報を次々に変換して、入力（知覚）を出力（行為）に結びつける過程があることは確かだろう。では、それを情報処理として理解する試みを推し進めるうえで、どのような考え方を基盤に据えればいいのだろうか。まずは、知覚された外界の様子を心の内部で再現する「表象」および「記号」、そしてこれらを規則に従って処理するための「計算モデル」とそれを支える「アルゴリズム」、さらには各種の表象が意味するものの相互関係を支える「知識システム」などの考え方が必要になる（Pylyshyn 1980; 佐伯 一九九二）。

すべての情報処理過程は、外界の事物や出来事を心的に表す「表象（representation）」に依拠して成立しているだろう。表象は言語のように記号的なものの場合もあれば、視覚的なイメージの場合もあるが、いずれにせよ外界を内的に再現・代理・表現する（英語ではすべて「represent」）ものである。表象が処理される過程で、記憶・推論・感情など、各種の心の活動が展開するが、それらは一定の独立性を持つモジュールでなされているように見える。だとすると、それぞれのモジュールにおける情報処理を支える計算モデル（例えば推論モデルや記憶モデルなど）があると考えられる。また、心的表象が言語のように有意味な仕方で処理されるには、それに意味を与える膨大な背景的知識のシステムや、言語処理の規則としての構文システムが心の内部に保存されている必要があるだろう。

一九五〇年代から六〇年代の草創期における認知科学の成果は、これらの要因について何らかの新規性を打ち出すことで達成されたものばかりである。例えば、人間の問題解決を模倣するよう設計されたプログラムで世界初の人工知能と呼ばれた「Logic Theorist」(Newell & Simon 1956)、短期記憶のメカニズムは一定の情報のまとまりであるチャンクに基づくもので保持できるチャンクは7±2であると主張したジョージ・ミラーの「マジカルナンバー」説(Miller 1956)、言語機能の生得性を仮定して人間の脳に実在する言語機能を解明することを目指すノーム・チョムスキーの生成文法(Chomsky 1965)、などがそうである。

行動主義と認知主義

より広く「心の科学」の歴史に沿って認知科学の登場を振り返ると、情報処理的観点に沿った心の解明という方法論は、それまで支配的なパラダイムとして勢いを持っていた「行動主義(behaviorism)」に対して「認知主義(cognitivism)」と呼びうる意義を持つものだった。行動主義はジョン・ワトソンに始まる心理学の方法論で、刺激と反応を結ぶ条件反射の回路をもとに心を理解しようとした立場である。一九二四年に刊行された彼の著作を参照すると、行動主義の見方をよく理解することができる(Watson 1924/1970)。

ワトソンの考えるところによると、物理学や化学のような自然を対象とする近代科学が成功したのに対して、心を対象とする心理学はいまだ成功していない。その最大の理由は、ヴィルヘルム・ヴントに始まる近代心理学がその研究領域を「意識」に定めたこと、また、意識を研究する方法を心理学者自身が行う「内観」に求めたことにある(Wundt 1874)。内観の別名は「自己観察」であり、心理学者が自己自身の意識現象を観察して報告するという作業がこの方法の根幹である。だが、このような主観的方法に依存している限り、客観的に観察可能な事実に基づいてデータを蓄積することはできない。心理学を真に「科学」の名に値する試みにするには、主観に依存しない方法を確立する必要がある。

もともと動物の学習過程を研究していたワトソンにとって、この点についての答えは明白だった。動物を相手にする限り、主観報告は期待できず、外部に表出する「行動」を客観的に観察するしかない。ならば、人間の場合も主観報告に頼ることはやめて、客観的に観察可能な事実としての「行動」に準拠して心理学を再設計すればいいのである。

自然現象が原因と結果の連鎖において法則的に生起するのと同じように、動物は特定のパターンで刺激を受け続けると決まった仕方で反応するようになり、全般的な習慣を形成する。また、習慣という回路を通じて与えられた環境に適応している。このような「刺激」と「反応」の総体を「行動」という概念で捉えるとするなら、この種の行動は動物の場合には、生得的に備わる「反射」、または学習を通じて確立された習慣的な「条件反射」として成立している。人間の行動は一見すると自由意志に基づくような印象を与え、選択的に振る舞っているように見える。しかし動物の延長線上で理論的に考えるなら、人間の行動もまた高度な条件反射の組み合わせとして理解することができるのではないか。これが行動主義の基本的な見方である。

当時の研究成果として、ワトソンが助手のサリー・レイナーと手がけた条件づけ実験がよく知られている (Watson & Rayner 1920)。彼らは生後一一カ月の赤ちゃんをネズミに対面させ、興味を持って遊ぶ反応を示すことを確認した。その後、ネズミと遊ぼうとするたびに背後で金属棒を叩いて赤ちゃんの驚愕反応（パニックに陥って泣き出す生得的な反射）を繰り返し引き起こした。一二日後、赤ちゃんはネズミを見るだけで泣き出し、顔と上体を背けて嫌がる反応を見せるようになった。驚愕反応の生得的な反射が、ネズミを怖がる恐怖反応の条件反射へと置き換えられたのである。それだけでなく、赤ちゃんの恐怖反応は汎化を起こし、ウサギやイヌ、さらには毛皮のコートを見ても泣き出すようになった。

発達した大人を基準にして人間の恐怖反応を観察するなら、それはきわめて選択的であるように見えるし、場合によっては理由もはっきりしたものに見えるだろう。だが、発達の過程に目を向ければ、人間が生得的に持ち合わせた反射が条件づけと汎化を通じて条件反射の回路に組み変わり、外観が複雑になっているだけかもしれない。大人は自由意志に基づいて選択的に振る舞っているように見えるが、それは条件反射の回路が複雑かつ高度になり、反応に組み込まれた時間的遅延の中で意図的な選択を行っているかのように見えるだけかもしれない。行動主義の理論は、このような人間理解の可能性をもたらす。

ワトソンのような立場から考えるなら、「心」を科学するうえで、観察不可能な「意識」を理解しようとして内観に頼る必要はもはやないことになる。刺激が生じさせる反応の範囲、刺激が繰り返されることで形成される条件反射、条件反射の持続性、条件反射を強化する特定の報酬、こういった要因を実験によってひとつずつ解明すればよい。そうすれば、究極的には刺激から反応を予測し、反応からもとの刺激を逆算することも可能になり、心理学は古典力学のように完成された科学に脱皮することができるだろう。

行動主義の立場をこのように要約すれば、認知科学の登場が持っていた意義もまた明確になる。端的に言って、行動主義は有機体に外部から入力される「刺激」と外部に出力される「反応」の関係を法則的に理解することにのみ主眼を置いており、有機体の内部で進行しているはずの心的な過程を不問に付した。行動は外側から客観的に観察できるが、内部で進行している心的過程は観察しようがないからである。これに対して認知主義は、「情報処理」という観点に立脚し、行動主義が放置した内的過程を、特定のモデルのもとで心的表象が処理される計算過程として理解しようとしたのである。

心身二元論の遺産

心の科学の方法論として、認知主義と行動主義は対立しているようにも見えるし、補完し合っているようにも見える。一方で、行動主義が客観的に観察可能な有機体の行動だけに着目して内的過程を無視したのに対抗して、認知主義はその内的過程を「心」として取り出し表象の計算過程として理解しようとした、という対立的な見方を取ることができる。だが他方で、科学的であろうとする時代の制約の中で行動主義が棚上げした有機体の内的過程に、計算機の開発という時代の追い風を受けて認知科学が新たに迫ろうとした、という補完的な見方を取ることもできる。

この点をめぐる理解は個別の学派や研究者によって分かれるだろうが、哲学的に整理すると、どちらの見方にも問題視すべき共通の前提がある。それは、外部から観察可能なものを有機体の「身体」に見出し、内的で主観的に接近するしかないものを「心」に重ね合わせる思考である。このような思考は、哲学的には近代的な「心身二元論」を色濃く受け継いでいる。なお、ショーン・ギャラガーは本書のイントロダクションで、「身体性認知は、心への理論的アプローチを昔も今も支配する古典的デカルト主義や認知主義の説明に対する挑戦としてたいてい描かれるものの、それがつねに該当するわけでもない」(本書 p. 39) と述べている。現代の身体性認知の個別の成果を解説する場合にはその通りなのだが、歴史的なパースペクティブから接近するなら、デカルトが設定した「心身二元論」という枠組みのもとで「心の科学」が生まれてきた事情は無視できない。ここで多少の説明を加えておこう。

近代哲学 (もしくは科学も含めて近代的な学問) の祖であるルネ・デカルト (Descartes 1637/2010) は、私たちが確実に認識できる知識の基礎を求めて「方法的懐疑」と呼ばれる思考を実践した。これは、疑いを差し挟む余地のある知識は捨て、真に確実な知識だけを求める方法としての懐疑である。だが、方法的懐疑を実践したデカルトは、かえってありとあらゆる知識が疑いうるものであることに気づき、捨て去ることになってしまう。結果として彼が見出したのは「われ思う、ゆえにわれあり (Cogito, ergo sum, 英 I think, therefore I am)」という真理だった。すなわち、既存のあらゆる知識は疑うことができるが、だからといって疑っている私自身の存在は疑い得ない、ということである。

デカルト (Descartes 1641/2001) はこの「われ思う (cogito)」を、世界を構成する第一の実体である「精神」と名づける。精神は、自己自身について意識するところの「思考」と呼ばれる作用をその本質とする実体、すなわち「思惟実体 (res cogitans)」である。思考は自己意識の作用であり、感覚や想像や欲求など、およそすべての心の活動にともなう (と考えられる)。だが、この世界には精神の原理によって統制されない実体の領域がある。それが「物体」である。物体は自己自身について意識することはなく、縦・横・深さという三次元の座標空間に姿を現し、それぞれの座標軸に沿って延長できるかどうかだけをその本質とする実体、すなわち「延長実体（res extensa）」である。

このような区別を立てると、身体もまた空間に延長をもって広がる物質的なものであることになる。物体としての身体は、三次元の空間に現れるものであり、他の物体と同じように形・色・固さ・運動などの性質を備えている。身体を理解することは、他のさまざまな物体が相互作用し合う自然界の内部にそれを位置づけ、機械論的な観点から身体の形態や運動を説明することに他ならない（Descartes 1644/2001）。因果律によって運動が伝播し機械仕掛けで推移していく自然の姿は、しばしばビリヤード台をメタファーとして説明される。いわば、手玉を打つ最初の一撃が神によって与えられているようなビリヤードである。このメタファーに沿って言うなら、人間の身体もまた、運動エネルギーが次々と的球に伝達され、力学的な因果関係の連鎖を通じてあらゆる変化が生じてくるような自然の連環の内部に組み込まれているのである。

他方で、デカルトが精神の働きの根幹に見出した「われ思う」という自己意識の作用は明らかに主観的なものであって、考える主体である「われ」だけがその作用に接近することができる私秘的な性格を持っていることになる。デカルトが「精神」とした思惟実体の作用には、思考以外にも現代の私たちが「心」に帰属させている作用の大半が含まれている。例えば、感覚、想像、記憶、情動などである。これらもまた、そこに自己意識の作用として「われ思う」がともなっている限り、本人の主観によって接近するしかない私秘的な内的領域に閉ざされていることになる。

もっとも、痛みの経験を例に取ればわかる通り、身体に由来する刺激を何らかの仕方で精神が受け取ることで痛みのような感覚経験が生じてくるのであり、感覚を説明するだけでも精神と身体の相互作用の次元を持ち出す必要がある。デカルトは当時の解剖学の知見に基づいて、そのような精神と身体をつなぐ場所として人間の脳、とりわけ松果腺を仮定した。また、痛みに限らず、さまざまな情動と欲望の作用に着目して、精神と身体が結合して働く「心身合一」の現象についても論じている(Descartes 1649/2001)。ただし重要なのは、心身合一を認めたとしても精神と物質の本質的な区別が取り払われるわけではなく、「われ思う」という自己意識に付随する「心」が物質的身体に依存しないことに変わりはない点である。感覚や欲望が身体に由来するとしても、それが生じているのは私秘的で内的な精神の領域においてなのである。

近代の哲学と科学の出発点に据えられた心身二元論は、認知科学や心理学といった「心の科学」を出発点において強力に方向づけるものであり続けてきた(Gibbs 2006; 高橋 二〇一六)。行動主義は、心を主観的で私秘的なものと理解していたため、科学的心理学の成立根拠を公共的に観察可能な身体に探し求めた。それにより、「行動」という鍵を見つけ、刺激と反応を結ぶ条件反射の回路としての心を解明しようとした。他方、認知主義は、行動主義が捉えそこねた有機体の内的過程に表象と計算から成る「情報処理」という観点から迫ろうとした。ただしその際、やはり心を純粋に内的な過程とみなしており、身体の物質的過程から独立したものとして捉える傾向を強く残していた。

2　心身二元論から帰結する問題

機能と媒体

こうして、心身二元論を暗黙のうちに前提して始まった認知科学は、それを背景に発展していくと同時に、いろいろな問題点を後に露呈することになる。

ひとつは、心の機能と心の媒体の関係をどう見るかということに起因する。認知科学は、行動から切り離された内的な情報処理の過程として心を位置づける。つまり、「計算プログラム」やそれを支える個々のアルゴリズム（計算手順）という「機能」こそ心の本質であるという見方に立つ。哲学者のヒラリー・パトナム（Putnam 1981/1994）はこのような立場を「機能主義」と位置づけている。パトナムは、心の中核にあるものが特定のプログラムで表現できるような「機能」だとすると、この立場は次のような帰結をもたらすと指摘する。

肉体から分離された霊は一定のプログラムを示し、脳は一定のプログラムを示し、機械は一定のプログラムを示すと言えるだろう。そしてこれら三つ、肉体から分離した霊、脳、機械のそれぞれの機能上の組織は、たとえそれらの材料、素材がまったく異なっているとしても、正確に同一でありえよう。（＊邦訳 p. 121）

この指摘は認知主義の立場をよく表している。外界を表象し、記号計算のプログラムに沿ってそれを内的に処理する過程を「心」と呼ぶなら、同じ「心」は、どのような媒体の上でも実現することができるだろうし、媒体が何もなくても実現できるかもしれない。それは霊肉二元論の時代から伝統的に「霊」と呼ばれてきたものの活動と同じかもしれないし、人間の「脳」が活動するときに生じている心的過程と同じかもしれない。また、これらと同じものは、コンピュータの上で走る計算プログラムとしても理論上は実現できるはずである。

さらに、記号計算のプログラムとして心を実現できるのなら、心を搭載する媒体は、大型計算機でもパーソナルコンピュータでもタブレット端末でもスマートフォンでもよいということになるし、ロボットに実装すれば「心を持つヒューマノイド」を実現できるだろう。いずれにせよ、心は機能なのであるから、それが搭載される媒体とは独立に理解し再現することができるはずである。機能主義がもたらすこの種の発想は心の「媒体独立性（medium-independence）」と呼ばれる。

その一方で、行動主義の時代に理解がいまだ十分に及んでいなかった「脳」を、内的な記号計算を担っている「心の媒体」として理解しようとする見方も認知主義とともに台頭してくる。脳と心を関連づける見方は一九世紀の解剖学や生理学から強まる傾向にあったが、認知主義とともに成立した「入力→情報処理→出力」という図式の「情報処理」の部分を脳内の神経過程に重ねる生物学的な解釈として一段と洗練されるようになったのである。この見方は計算機開発と同じ時期に現れ（McCulloch & Pitts 1943）、ノイマン型コンピュータの提唱者ジョン・フォン・ノイマン（von Neumann 1958/2011）が決定づけたものである。

ノイマンを始め、初期の認知科学者が情報処理を脳内の神経過程に重ねて考えた理由は、もちろん、刺激（＝入力）と反応（＝出力）の間で生じている有機体の内的過程を「心」とみなしたことにあるのだが、別の理由もある。情報処理の理論そのものが二進法に基づいており、0と1を電気回路のオンとオフに対応させ、その多数の組み合わせによって各種の情報を表現する手法を採用していたことも生物学的解釈を呼び込んだ理由である。というのも、脳を構成する無数のニューロンの内部を流れているのは電気信号であり、ニューロンがその活動電位を末端まで伝え、放出する様子は、まさに電気回路のオンとオフのような二進法に重なるもののように思われたからである。

もちろん、その後の神経生理学的研究によってこの種の単純な見方は退けられていくが、認知科学を神経科学に結びつけようとする見方の出発点になるものではあった。周知の通り、情報処理を推し進めるには、半導体の回路を組み合わせて処理それ自体を物理的な次元で可能にするハードウェアと、そのハードウェアの上で計算プログラムに沿って入力情報を出力情報へと変換するソフトウェアが必要である。認知主義のように情報処理のメタファーで心と認知を捉える立場からすると、脳はハードウェアのように、心はソフトウェアのように見えてくる。認知科学と神経科学を融合した「認知神経科学」という分野を形成する物の見方は、認知主義の成立とともにすでに準備されていたのである。

ところで、媒体独立的な発想で研究を進めることで人間の心と認知を解明できたかというと実際にはそうでもない。皮肉なことに、研究の発展とともに人工的な認知過程と人間の認知過程の違いが際立つようになった。例えば、ＩＢＭが一九九〇年代に開発したチェス専用のコンピュータ「ディープ・ブルー」の名前はよく知られているだろう。当時チェスの世界王者だったガルリ・カスパロフに勝つことを目標として開発されたもので、一秒間に最大で二億手の先読みを行う高度な能力を持つことで話題となった。カスパロフとは二度の対戦が実施されており、一九九七年の二回目の対戦ではディープ・ブルーが二勝一敗三引き分けで勝利している（Kasparov 2024）。

だが、ディープ・ブルーが勝ったといっても、コンピュータに備わるチェスの能力は人間のそれとは基本的に異なっている。ディープ・ブルーは盤面について現在の状態の情報を与えられると、そこから将来に向かってあらゆる可能な盤面の動きを高速でシミュレートする。だから人間のチェス王者にも勝つことができたのだが、それは人間がチェスのプレイ中に経験している認知過程とは違う。人間は一手ごとにあらゆる可能性をシミュレートするような無駄な思考はしておらず、現在までの履歴から今後のゲーム展開について有効な予想を立てたり、相手プレイヤーの思考のクセを見抜いてそれに対応したりするような、より柔軟な対応をしているのである。

フレーム問題

この点に関連して、初期の人工知能について指摘された「フレーム問題（frame problem）」と呼ばれる論点に言及しておくのがいいだろう。フレーム問題はジョン・マッカーシーとパトリック・ヘイズによって提示された考察で、行為・行為の結果・行為を取り巻く状況、さらにこれらを表現する知識をめぐって、人工知能で実現する際の困難を論じたものである（McCarthy & Hayes 1969）。もとの問題の趣旨を哲学者のダニエル・デネット（Dennett 1984）がロボットの比喩を借りて考察したものが秀逸なので、ここでもそれを借りて説明する。

Ｒ１と名づけられたロボットがおり、このロボットに与えられた課題は独力で生き延びることだった。ロボットはバッテリーで動いており、残量がなくなりそうになると自ら交換しなければならない。交換用バッテリーは隣の部屋のワゴンの上に置いてあり、困ったことにワゴンの上には時限爆弾も置かれている。設計者はＲ１に「バッテリーは隣の部屋にある」「隣の部屋には爆弾がある」「バッテリーはワゴンの上にある」等の知識を与えてＲ１を動かしてみた。するとＲ１は部屋からバッテリーを持ち出すことに成功したものの、ワゴンに置かれたバッテリーとともに時限爆弾も合わせて持ち出してしまい、爆発に巻き込まれてしまった。Ｒ１は自ら行為することができたのだが、自らの行為がもたらす副次的な結果について推論できなかったからである。

この失敗を踏まえて、設計者は改良型のロボットＲ１Ｄ１（Ｄは deduction＝推論）を製作し、Ｒ１と同じ作業を行わせてみた。Ｒ１Ｄ１はバッテリーの置かれたワゴンを引き出せばよいという行為の戦略を立てたうえで、ワゴンを引き出すという行為の副次的な結果について推論を始めた。「ワゴンを引き出しても壁の色は変わらない」「ワゴンを引き出すと車輪が回る」「ワゴンを引き出すと車輪が音を出す」――自らの行為の副次的な結果をひとつずつ推論しているうちに、ワゴンを動かす前に時限爆弾が爆発してしまった。Ｒ１Ｄ１は自らの行為がもたらす副次的な結果について推論できたものの、バッテリーを交換することに関連のない結果を無視することができなかったからである。

この失敗を踏まえて、設計者はさらなる改良型のロボットＲ２Ｄ１を製作し、与えられた状況において重要な関連を持つ知識だけを確認させることにした。行為の副次的な結果に状況を掛け合わせ「状況Ｓでは「ワゴンを引き出すと車輪が回る」という知識は重要ではない」といった知識をＲ２Ｄ

1に与え、R1D1と同じ作業を行わせてみた。するとR2D1はまったく動かなかった。「何かしろ！」と設計者が言ったところ、R2D1は次のように答えた。「関連がないと判断した何千もの帰結を無視するのに私は忙しいのです。関連のない帰結を見つけるや否や、無視すべき帰結のリストに私はこれを追加するのです。そして次に……」(Dennett 1984: 129)、こう答えている瞬間、時限爆弾が爆発してしまった。

この比喩的なエピソードは、私たちが日ごろ実践している知識と推論のあり方について多くのことを語っている。まず、人間はR1ができる以上にさまざまな行為を遂行することができる。そして、R1D1ができる以上に、人間は自分がなすさまざまな行為がどのような副次的な結果をもたらすかを事前に推論することができる。さらに、R2D1ができた以上に、人間は自らが置かれた状況の中で、これから遂行しようとしている行為との兼ね合いで、自らの行為がもたらす結果について事前に推論することができる。また、事前にどの範囲の事象を考慮に入れておけばいいか、直感的に判断することもできる。

例えば、近所のスーパーに買い物に行く場合を考えてみよう。出かけたら途中で雨が降ってくる、途中で職場の知り合いにたまたま遭遇する、いつもの道が工事中で通れない、スーパーが臨時閉店している、スーパーは開店しているが目的の物品が揃わない、現金の持ち合わせがない、電子マネーで支払おうとするが端末が故障している、近くの別のスーパーに足を延ばす、別のスーパーが買い物客でごった返している、買い物中に緊急の電話がかかってくる、帰り道でひったくりにバッグを盗まれる、帰り道の途中で大きな地震が起きる等々、現実的に考慮すべきものからほぼ想定しなくていいものまで、大小さまざまな状況の変化を想定することができる。

行為の文脈を形成するこうした状況の変化の中には、さしあたり無視しても当初の予定と大差なく行為遂行が可能なものもあるが、状況の変化に応じて代わりの行為を考えるべきもの、行為それ自体を取りやめざるを得ないものもある。つまり、状況が変化するたびに行為とその結果も変化するため、厳密には数えきれないほど「状況×行為」の掛け合わせが存在するのである。その中で、「おおよそこのような範囲で状況とその変化を想定して行為すればよい」という暫定的なフレームを設定して人間は対処している。あらゆる可能性をシミュレートするディープ・ブルーとは知性の働かせ方が違うのである。

記号接地問題

行為から切り離された認知のシステムは、そもそも特定の目的をもって行為することが難しいし、行為の目的に見合った仕方で与えられた状況に柔軟に関わることも難しい。この点を別の切口から定式化した論点として、認知科学者ステヴァン・ハルナッドが指摘した「記号接地問題（symbol grounding problem）」を取り上げておくべきだろう。

心の働きを記号計算のプロセスとみなし、コンピュータによってそれをモデル化することができたとしても、モデルそのものは具体的な現実からは切り離されており、モデル内部の記号は現実に接地しているとは言えない。ロルフ・ファイファーとクリスチャン・シャイアー（Pfeifer & Scheier 1999/2001）による図1を借りて説明しよう。あるコンピュータ・システムによって人間の認知をモデル化

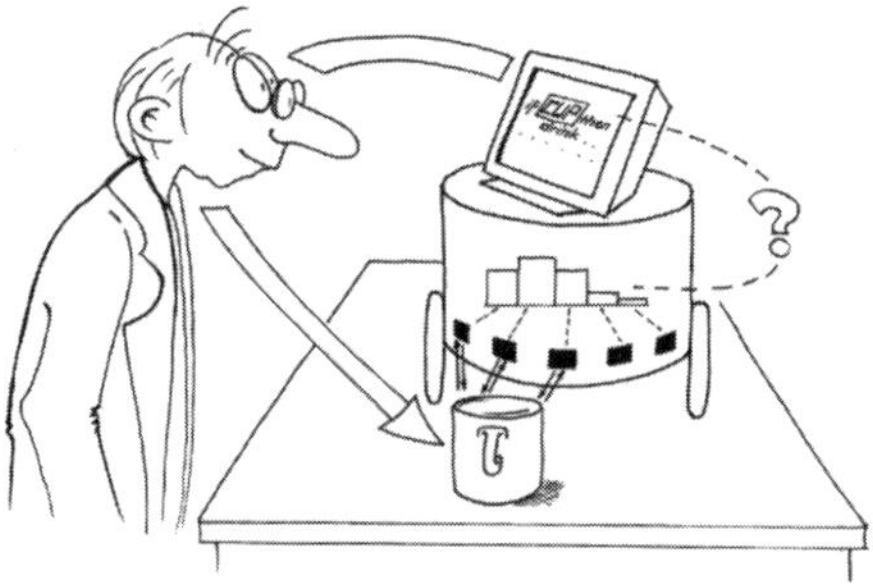

図１　記号接地問題（Pfeifer & Scheier 1999/2001）

することができたとする。入力された情報をプログラムに沿って計算したところ、出力情報として画面上に「ＣＵＰ（カップ）」と表示された。この文字列は、それを見ている人間にとって、目の前にあるカップや、現実に存在するカップ全般に対応していることは自明である。ただ、コンピュータは現実から切り離された状態で稼働しており、システム内部で表示される「ＣＵＰ」という文字列が現実の何かを指示することはない。つまり、人間はある記号の「意味」を、その記号が現実に指し示す対象との関係で理解しているが、コンピュータが情報処理に用いる記号は現実の指示対象を持っておらず（＝接地しておらず）、実質的な意味を担うことができないのである。

　では、人間はなぜ記号と現実の対応関係を自明なものとして認知することができるのだろうか。それは、記号を操る人間の心が身体化されており、身体が具体的な現実の中に埋め込まれている（＝接地している）からである。さらに言えば、記号が表現する特定の対象を人間は知覚し、行為を通じてそれに関与することもできるからである。「ＣＵＰ」という文字列は、心の中で連想できる「カップ」の概念を指すだけでなく、現実に存在するカップを指し、そのカップは目の前にあってつかむことができ、それを使って水を飲むこともできる。

赤ちゃんが言葉を学習する過程を知ると、身体に媒介された記号と現実の緊密な関係はより明確に理解できる。マイケル・トマセロ（Tomasello 2008/2013）が明らかにしているように、人間のコミュニケーションは、言語を獲得する以前から身体レベルでの非言語のやり取りによって水路づけられているからである。

第一に、赤ちゃんは生後九カ月ごろに「共同注意」と呼ばれる認知能力を獲得する。共同注意とは、他者が注意を向けて見ている対象に対して、視線を追従することで自分も注意を向ける能力である。例えば、目の前にいる母親がテレビ画面をじっと見つめているような場合、そばにいる赤ちゃんは母親の視線の方向をたどることでテレビ画面を見つけ、相手の視線の先にある対象を確認しようとする。第二に、生後一二カ月ごろになると「指さし」によって赤ちゃんは意図を伝えるようになる。特定の対象や状況を指さしによって他者に示すことで、感情を共有したり情報を知らせたりするのである。例えば、公園に連れて行かれた際に日向ぼっこする一匹のネコを見つけ、笑顔を浮かべて父親に向かってそちらを指さす、というような場面である。

共同注意から指さしへと発展する身体的で非言語的なコミュニケーションは、音声シグナルによって置き換えられることで言語的な発話へと転換する。先の公園の場面で、指さしの代わりに「ネコ！」と子どもが発話したとすれば、実在するネコを指示対象とする記号の使用がそれによって成立することに留意しよう。人間が学習する記号は、その起源において現実とは切り離せない仕方で成立しており、人工的な認知システムが抱える意味の問題を持たないのである。

もちろん、人間の使用する記号の中には抽象的な概念を指すものも数多く存在する。例えば「愛」

という概念はそのわかりやすい例だろう。「愛」は、環境の中に実在する特定の対象を指示する言葉ではない。そのため「愛とは何か？」について人々が話し合うとき、さまざまな考え方が並列して議論に収拾がつかないといった事態も生じうる。ただしその場合にも、抽象的な「愛」を表現していると思われる種々の具体的な人間関係を私たちは議論の背後で思い描いているのであり、それらの人間関係は現実の経験である。抽象的な記号を操作する場合にも、身体を備えた認知主体にとっては、現実に接地している次元が必ず背景で作動しているのである。

3　認知科学の枠組みを変える

行為から始まる知覚と認知

ここまでの説明から、認知科学が発展する過程で身体性の欠如が焦点化されざるを得なかった経緯が見えてきただろう。すでに説明した通り、行動主義も認知主義も、外部から客観的に観察可能なものだけを「身体」に見出し、内的で主観的に接近するしかないものを「心」に重ね合わせる二元論的な発想を前提としていた。また、いずれの立場も、刺激と反応の間の内的過程、あるいは入力と出力の間の内的過程を「心」とする点でも一致していた。

このような認識論的前提に立つ限り、適切に理解できなくなるのが「身体」および「行為」とつながった認知の次元である。動物を念頭に置くとこのつながりはもっとわかりやすく見えてくるだろう。人間を含めて地球上のさまざまな動物は、与えられた環境の中で生き延びるべくさまざまな行為を行っている。食物の探索や天敵の回避はその典型である。動物は、与えられた環境の中で次の瞬間にできそうなことを探索しつつ、自らの行為可能性を環境へと投射し、そのフィードバックとして還流してくる情報を知覚として受け取っている。「生きるため」という目的に従って行為する生物の身体は、衝突して動かされるだけのビリヤードボールのような物体とは自ずと違っている。

だとすると、「入力→情報処理→出力」という直線的な「原因－結果」の時系列で心の働きを解明しようとする認知主義の枠組み自体を変えるべきだということになる。身体は物体ではなく、人間は身体を備えていることで具体的な行為主体としてこの世界の中に存在する。行為主体である人間は、つねに自らの行為可能性を環境の中に探索しつつ生きている。環境に由来する断片的な感覚情報が受動的に「入力」されて知覚を生み出しているのではなく、行為を発動させる手がかりとなる情報を人間は最初から選択的かつ能動的に受け取っているのである。情報処理的観点から言うと、「出力」(行為)につながる可能性のある情報が最初から選択的に「入力」(知覚)されている、ということである。行為という「出力」によって最初から知覚がかたどられているとすると、知覚に続く認知過程もまた行為によって影響を受けているに違いない。

エナクティブ認知について解説している本書第6章の冒頭で、ギャラガーはこう述べている。

身体性認知についてのエナクティブな見方は、知覚が行為のためにあるという考え方、また行為への指向が大半の認知過程を形成するという考え方を強調する。このアプローチは、認知科学の進め方への含意と合わせ、心と脳の考え方について根本的な変更を要求する。(本書 p. 99)

行為をどう見るか、身体をどう見るかは、「認知とは何か」「心とは何か」という問題の根本に関わる。行為する身体は、情報処理の出力側にあるだけではなく、入力側への事前のフィルターとして作用し、認知過程に影響を与える。このことを理解させてくれる重要な古典的実験に言及しておこう。

心理学者のリチャード・ヘルドとアラン・ハイン（Held & Hein 1963）は、視知覚を題材にして次のような実験を行っている。図2に見られるような筒状の装置の中に二匹のネコを吊るし、一匹は自足歩行可能な状態で、もう一匹は木箱の中に全身を入れて受動運動しか経験できない状態で、視覚刺激を与える。二匹は同じ母親から生まれたネコで、一定の運動能力が身につくまで光のない暗所で飼育されている。実験では、生後八〜一二週までの一〇組のネコが比較された。

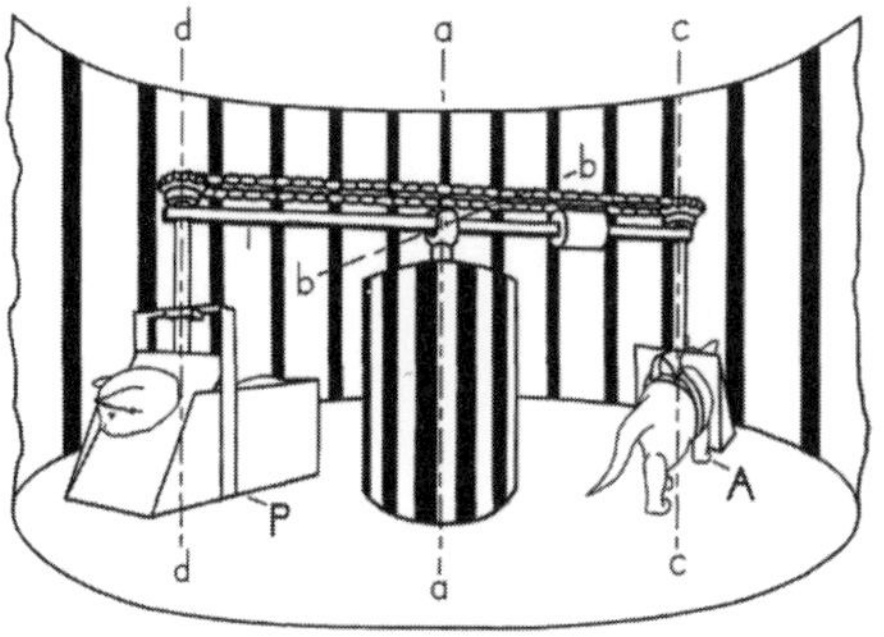

図2　ネコの視知覚実験（Held & Hein 1963）

装置の壁面に反射する光が生まれて初めて受容する視覚的刺激である。したがって、

この状態で視知覚を学習させたところ、（a）視覚に誘導された足の配置（胴体を持って床に近づけていくときに着地準備のために脚を動かす動作）、（b）視覚的崖の回避（床下が見える透明なガラスの通路の前で立ち止まる）、（c）接近する対象への瞬き反応（実験者が手を顔面に向かって近づけると瞬きして反応

する)、いずれのテストでも、受動運動のみで飼育されたネコは、適切に反応することがなかった。

テストの結果が意味するところは明白だろう。(a)~(c)いずれの課題でも、問われているのは奥行きの認知である。自足歩行を経験できたネコは、歩行することに関連づけて環境の見え方が一定の規則とともに変動することを学習している。自ら歩行すると、視野の中で同一色の対象がより広い面積を占めたり、逆により狭い面積を占めたりする経験が生じる。この関連づけが、自己身体が対象へと近づく、対象から遠ざかるという運動経験の意味を構成するのである。(c)のテスト結果がわかりやすいが、運動経験のないネコにとっては、近づいてくる実験者の手は、おそらく視野の中で肌色の占める面積が平板に広がっていく事態としてのみ経験されており、「対象が近づいてくる」という意味を持っていない。だから、対象と衝突しないよう目を閉じるという瞬き反応を示さないのである。

この実験が示しているのは、環境の中を自ら歩いて動き回る行為の有無によって、ネコが経験する知覚内容が左右され、奥行きの判断という認知過程が影響を受けるという事実である。「奥行き」という次元は、網膜に映り込んだ平面的な情報を認知主体が内部で加工し、そこにつけ加える第三の次元ではない。ネコは自らの身体で歩き回ることで「対象に近づく－対象から遠ざかる」という行為ができるからこそ、最初から「遠い－近い」という奥行き感のある情報を知覚することができるのである。周知の通り、奥行きはしばしば両眼視差を原因として説明されてきたが、両眼視差という現象自体、遠いものと近いものに焦点を合わせて両眼の運動を調整する微細な行為に基づいており、その眼球運動自体が「対象に近づく－対象から遠ざかる」という全身のダイナミックな行為の文脈においてもともと形成されたものなのである。

脳と身体

ところで、ヘルドとハインの実験は、知覚において脳が果たす役割についても考察を促す論点が含まれている。というのも、実験装置内を移動する二匹のネコは同じ環境をぐるぐると回っているだけであり、壁面に反射するほぼ同じ光の刺激を眼球から受容していると考えられるからである。従来の神経科学の枠組みに沿って考えるなら、末梢の受容器から入力される刺激が同じであれば、感覚神経と脳内での神経過程も同じであり、脳内で生成している(と想定される)視覚像についても基本的には同じ内容になると考えられる。だが、飼育後のテスト結果を見る限り、二匹のネコが見ている世界は、二次元的か三次元的かという点で大きく異なっていると考えざるを得ない。

では、刺激を処理する神経過程のどの段階で、奥行きある視覚世界が成立していると考えるべきだろうか。視覚像(すなわち表象)はあくまで脳内で成立しているとの枠組みを維持するのであれば、二匹がそれぞれ末梢で受容する刺激が同じではないため、脳内の視覚像も異なるものになると考えることになる。木箱に入れられ歩くことを許されなかったネコは身体運動に関連づけられていない光の刺激を不規則に受け取っているのに対して、自らの身体で歩き回るネコのほうは、眼球で受け取る刺激を歩行という身体運動と自然に関連づけることで、刺激と空間性をひもづける暗黙の規則とともに受容している。そのため神経過程における処理が自ずと変化し、脳内で奥行きある三次元的な視覚像が成立する。

このように、知覚された像としての世界の表象は脳内で成立しているものの、その表象が入力段階で末梢の身体によってフォーマットされているとする考え方に立つのが「弱い身体性認知（weak embodied cognition）」と呼ばれる立場である。弱い身体性認知は脳の役割を従来の神経科学と同様に重視している。それは、身体化された行為、そして身体と環境の相互作用がいずれも一定の役割を果たしていて、両者が脳内での処理過程に影響を与えるからである。

この点について、本書の第3章1節でも説明されている通り、認知科学の哲学を展開するアルヴィン・ゴールドマン（Goldman 2014）は、「Bフォーマット表象」という概念を提唱している。Bは「ボディ（身体）」の略である。ゴールドマンによると、知覚、言語処理、他者理解などに関連する情報が脳内で処理される際、それらはいずれも身体にフォーマットされた表象として処理されるという。ヘルドとハインの実験に即して言うなら、自足歩行できたネコが見ているであろう「奥行きある世界像」は、まさにBフォーマット表象として脳内で成立しているということである。

ただし、ギャラガーも指摘している通り、弱い身体性認知の立場は「関連する身体過程を無害化された脳内表象へと還元する最小の解釈である」（本書p. 56）。つまり、認知過程または心を担っている基本的な媒体は「脳」であると一方では考えつつ、脳を包む身体の役割を無視できないため、脳への刺激入力の段階で刺激が身体によってフォーマットされていると捉えているのである。これは、身体性の観点から認知主義に最小の変更を加える立場であると言っていいだろう。

弱い身体性認知はまた、大筋で神経科学的な知覚観を踏襲している。行為と身体の重要性を認めてはいるものの、知覚それ自体は脳内で対象の表象が形成される過程であるとする見方を崩していない。

だが、知覚することは脳の中で、あるいは心の中で、世界についての表象を形成する過程なのだろうか。そうだとすると、知覚された世界の心的表象は世界それ自体とは異なる脳内の次元にあることになるが、それでは、真に実在する世界はどのような姿をしているのだろうか。また、脳内で世界の表象が生み出されるとすると、身体の水準ではなく脳の水準でその表象を見たり聞いたりしている主体（いわゆる脳の中の小人、ホムンクルス）を仮定しなければ、知覚するという経験が成立しないことになる。

二〇世紀半ばに活躍したイギリスの哲学者ギルバート・ライル（Ryle 1949/1987）は、やや違った角度からこの種の二元論を批判している。彼が着目したのは身体に備わる優れた運動スキルである。デカルトのように人間を精神と身体に区別し、一方で身体の働きを機械論的な観点から説明すると、単純な因果関係に還元できないようなスキルフルな行為や、新規な状況から創発してくる自発的な振舞いを適切に理解することはできなくなる。人間が示すそうした局面を理解するには、機械としての身体とは別の次元にある見えない精神を仮定し、それを身体の内部に潜んでいる「幽霊」のようなものとして描写する以外になくなってしまう。ライルは、心的なものをこのように記述する議論を「機械の中の幽霊」として批判したのである。これが神経科学的な知覚観から帰結する「ホムンクルス」の議論と同型であることは明らかであろう。

探究の入口に立つ

ここまでの説明を受けて、私たちはようやく身体性認知の入口に立つことができる。前世紀までの心の科学は、メインストリームから離れた場所で展開された少数の例外を除いて、おおむね心身二元論の枠内にあるものだった。すでに述べた通り、心身二元論の枠組みは、外部から観察可能なものを有機体の「身体」に見出し、内的で主観的に接近するしかないものを「心」に重ね合わせる思考にある。

いちどこの枠組みにはまると「心」は死んでしまう。行動主義は一見するとエナクティブな見方につながるような「行為」を大事にしているように見えて、客観的に観察可能な有機体の変化だけに注目し、物理的な因果関係に類似する「条件反射」という概念でしか動物と人間を捉えられなくなっていた。行為にともなう「意図」という最も原初的な心の作用を見失ったのである。他方、認知主義は条件反射の回路の中に閉ざされた内的過程に「情報処理」という観点から迫ろうとしたが、これもやはり「入力→出力」という直線的な枠組みのもとでしか心を理解しようとはしなかった。入力される情報が生物の身体に備わる行為可能性によって最初からかたどられていることを見過ごしたのである。

こうした枠組みが残存している限り、神経科学が脳機能を解明できるようになったとしても、その恩恵は限定的なものにならざるを得ない。「心‐身体」という二元的枠組みが「脳‐身体」に置き換えられるだけなので、知覚と行為にまつわる問題の所在が脳内へと持ち越されることになるのである。その帰結が、知覚にまつわる脳内のホムンクルスであり、行為にまつわる「機械の中の幽霊」である。特に知覚をめぐっては、対象や世界の「表象」をどう考えるべきかという論点も表出してくることになる。

というわけで、私たちは枠組みを変えて「心」を捉え直さねばならない。心はまずもって身体化されている（embodied：第一のE）。そして、身体は真空管の中に単独で存在しているのではなく、生命を保つことができる具体的な環境の中に埋め込まれている（embedded：第二のE）。生物としての人間は、具体的な環境の中で生存のためにさまざまな行為を遂行し、それによって生き延びている。人間にとっての環境は、生存のためのさまざまな行為可能性を提供する場所として知覚される。生存がさまざまな仕方で揺さぶられると人間は種々の情動を経験し、他方で、意図する行為を実現する過程で知覚から得た情報を組み立てて思考を展開する。情動から思考まで、すべての認知過程はおよそ行為から切り離すことができず、行為を通じてその機能を発揮するものである（enactive：第四のE）。さらに、行為は単に身体だけで成り立っているのではない。道具から社会制度まで、さまざまな外部資源を利用して合目的的に展開する。だとすると、身体化された心は、道具を始めとして行為が活用するさまざまな資源を巻き込み、時にそれらへと拡張している（extended：第三のE）。

こうして4E認知の暫定的な展望を持ったうえで、後はギャラガーの解説に沿って、「身体化された心」の探究をさらに続けていただきたい。

4　ショーン・ギャラガーについて

日本でも彼の名前を知る人はすでに多いだろう。彼の経歴を簡単に紹介しておくと、一九四八年生まれ、アメリカ合衆国の哲学者で、現在はメンフィス大学リリアン＆モリー・モス哲学講座教授である傍ら、オーストラリアのウーロンゴン大学でも研究教授を務めている。メンフィス大学に着任したのは二〇一一年で、それまでは、ニューヨーク州のカニジウス・カレッジ准教授および教授（一九八六年から二〇〇三年）、セントラル・フロリダ大学教授（二〇〇三年から一二年）を歴任している。

ギャラガーが世界的に活躍している哲学者であることは、公式ホームページで紹介されている短いバイオグラフィーからも窺い知ることができる。時系列で並べてみると、二〇〇七年から一五年までハートフォードシャー大学（イギリス）で哲学と認知科学の研究教授、二〇一〇年から一五年までコペンハーゲン大学（デンマーク）で哲学の名誉教授、二〇一三年から一六年までダーラム大学（イギリス）で哲学の名誉教授、二〇一三年から一九年までトロムソ大学（ノルウェー）で健康科学の名誉教授を歴任している。こうした活動の一方で、二〇一二年から一八年にかけてフンボルト財団（ドイツ）からアンネリーゼ・マイヤー研究賞を、二〇二一年にコペンハーゲン大学から名誉博士号を授与されている。まさに八面六臂の活躍ぶりである。

ギャラガーの研究は学際性を絵に描いたように幅広い。哲学の専門領域は現象学、解釈学、心の哲学へと広がっており、他方では認知科学、神経科学、発達科学の専門的な研究知見への言及が多い。哲学者といっても、文献研究ではなく解明すべき主題が中心にあって、そこから哲学的思考が展開していくタイプの研究者である。そのため、論文や書籍では、哲学の重要文献への言及と最新の科学的知見への言及が並列して次々と繰り広げられるし、巻末には膨大な引用文献リストが付されることになる。本書も同様で、原著では本文が六四ページであるのに比して、巻末の文献表は一八ページに及んでいる。それでもギャラガーのテクストから「博覧強記」という印象が生じないのは、哲学的思考があくまで整然と展開されており、テクストの文脈を外れて知識の引用がなされないからであろう。

ギャラガーの場合、刊行された論文は無数にあって紹介しきれないので、これまで単著として刊行されている書籍を以下に並べて概要を紹介しておく（共著と編著は除いてある）。

・Gallagher, S. (2024). *The Self and its Disorders*. Oxford: Oxford University Press.（『自己とその障害』：身体的、情動的、認知的、間主観的、物語的、生態学的、といった各要因が織りなすパターンとして自己を理解する「自己のパターン理論」を展開し、パターン理論から統合失調症やうつ病など、自己の精神病理を理解することを試みた著作）

・Gallagher, S. (2023). *Embodied and Enactive Approaches to Cognition*. Cambridge: Cambridge University Press.（『身体性認知とは何か——４Ｅ認知の地平』：本書）

・Gallagher, S. (2022). *Phenomenology*. London: Palgrave-Macmillan. (2nd ed.)（『現象学』：二〇一二年に発行された著作の第二版。現象学の自然化の展開を受けて、現象学の古典である知覚・時間性・身体性・間主観性などのテーマを現代科学との対話を通じて読み解いた著作で、「現代現象学」を代表する教科書になりつつある）

・Gallagher, S. (2021). *Performance/Art: The Venetian Lectures*. Milan: Mimesis International Edizioni.（『パフォーマンス／アート』：イタリアでの講義を書籍化したもの。熟達したパフォーマンスを、高次認知‐基礎認知という垂直軸、身体‐環境という水平軸に広がる「メッシュド・アーキテクチャ」として理解することを試みている）

・Gallagher, S. (2020). *Action and Interaction*. Oxford: Oxford University Press.（『行為と相互行為』：「行為」を意図と主体性の観点から、「相互行為」を社会的認知と間主観性の観点から取り上げ直し、これらの

議論から帰結する現代的論点としての社会制度、ナラティブ、正義について批判的考察を展開している）

・Gallagher, S.（2017）. *Enactivist Interventions: Rethinking the Mind*. Oxford: Oxford University Press.（『エナクティビストの介入——心を再考する』：エナクティブ認知の基本的な考え方を解説したうえで、「表象」「知覚」「行為と自由意志」「思考」など、認知科学の主要テーマについて掘り下げた哲学的考察を加えている）

・Gallagher, S.（2008）. *Brainstorming: Views and Interviews on the Mind*. Exeter: Imprint Academic.（『ブレインストーミング——心についての見立てとインタビュー』：現代の著名な認知神経科学者たちへのインタビューを交えつつ、運動、意識、間主観性、情動、自己意識などの哲学的主題について神経現象学的な考察を展開している）

・Gallagher, S.（2005）. *How the Body Shapes the Mind*. Oxford: Oxford University Press.（『身体はいかにして心を形づくるか』：認知科学、発達、精神病理学などの知見を参照しながら現象学的身体論の現代的な再生を試みると同時に、現象学の観点から各種の科学的研究に潜む方法論的課題を指摘している）

・Gallagher, S.（1998）. *The Inordinance of Time*. Evanston: Northwestern University Press.（『時間の不条理』：フッサールによる時間意識の現象学を中心にして、認知科学およびポスト構造主義との対話を模索している。自己同一性、他者性、志向性といった論点との関連で時間意識についての考察が深められている）

・Gallagher, S.（1992）. *Hermeneutics and Education*. Albany: State University of New York Press.（『解釈学と教育』：保守派・穏健派・批判派・急進派という解釈学の四つの類型を示し、これらを現代の教育理論に対応させている。ギャラガー自身は穏健派の立場を取り、この立場が現代の教育理論をいかに擁護でき

るかを論じている）

以上のリストは新しいものから古いものへと遡ったものである。こうして見ると、一九九〇年代の著作は解釈学および現象学の正統的な問題意識の枠内で構想されているが、二〇〇五年の『How the Body Shapes the Mind』から現象学と現代科学の対話を前面に押し出すようになったのが理解できる。もちろん論文を追跡すると一九九〇年代から認知神経科学との対話を意識した仕事（例えば神経科学者のジョナサン・コールとの共著論文など）は見られるので、初期から同様の問題意識を持ち続けていることが窺われる。

ギャラガーの思考の特徴は、一方で意識・身体性・自己・間主観性といった現象学の主題を認知科学や神経科学の知見と絡めて考察し直し、他方で現代科学の主要な立場に潜む理論的問題点をあぶり出して現象学側から洞察を提供する、というスタイルにある。このような思考のスタイルはギャラガーに特有の部分ももちろんあるが、彼以前にも先駆者がいることを指摘しておくほうがいいだろう。認知科学と人工知能における身体性の欠如を現象学の立場から批判したヒューバート・ドレイファス（Dreyfus 1979/1992）の仕事を見逃すことはできないし、それにも増して重要なのはフランシスコ・ヴァレラの仕事である。ヴァレラは一九九〇年代末にフランスの研究者たちと「現象学の自然化（naturalizing phenomenology）」というプロジェクトを推進し、神経科学の発展がもたらした意識の科学的研究と現象学の意識論を結ぶ方法論の探究を進めていた（Petitot, Varela, Pachoud, & Roy 1999）。また、ヴァレラはこれに先立って、エヴァン・トンプソン、エレノア・ロッシュと一九九一年に刊行した共著

『身体化された心』によって、現象学的方法によって身体性認知科学を確立する仕事をすでに成し遂げていた（Varela, Thompson, & Rosch 1991/2001）。この『身体化された心』が、現代につらなる「エナクティブ・アプローチ」という造語の起源でもあることに留意しておこう。

認知科学はもともと「科学」として、世界が所与の姿で客観的に（個々の主観とは独立して）存在していると捉え、その世界を人間の心が表象し、心の内部でその表象を加工する計算処理を行うと考える。だが、現象学ではそもそもこのような関係で世界を捉えない。むしろそのような前提を疑い、既存の世界観を括弧に入れて哲学の出発点を据え直すことにこだわる。エトムント・フッサールは、客観的に世界が実在するという素朴な信念を括弧に入れ、意識作用（志向性）が始まるその瞬間に、意識される対象が立ち上がってくる様子をありのままに記述し直そうとした（Husserl 1950/1979-84）。フッサールによると、意識作用（ノエシス）と意識対象（ノエマ）の成立とは同時であり、どちらかに還元して世界も認知も理解はできないのである。

意識作用が始まる場面ではつねに何らかの知覚が生じているが、その知覚こそは身体化された行為の可能性によって事前にかたどられている。これがエナクティブ・アプローチの基本となる考え方であり、ヴァレラがモーリス・メルロ＝ポンティの『知覚の現象学』から受け継いだ発想だった（Merleau-Ponty 1945/2015）。手短に言うと、「外部に広がる客観的な世界を主観が内的・心的に表象する」という認知科学の根底にある枠組みは、「身体を持った行為主体が自らに備わる行為可能性に応じて出現する世界を知覚する」という枠組みで捉え直す必要がある。認知科学と現象学の対話から生まれてきたエナクティブ・アプローチは、おおよそこのような見方に立っている。

ギャラガーの仕事も、メルロ゠ポンティとヴァレラを結ぶ線上にあることは間違いない。ただし、彼自身がアメリカ合衆国の出身でありプラグマティズムの伝統や英語圏の心の哲学にも詳しく、独自の議論を展開しうる立場にいるのも確かである。本書との対応で言うと、拡張性認知を扱った第5章の議論にこの点がよく現れている。現象学から見ると、道具をめぐるマルティン・ハイデガー（Heidegger 1967/2013）の考察は現代の「拡張した心」仮説につながる論点を多く備えているが、本書ではむしろプラグマティズムを代表するジョン・デューイへの言及から始まり、現代認知哲学の代表的論客であるアンディ・クラークのアイデアへと議論が広げられている。

また、心の哲学との関連で補足しておくと、ギャラガーの著作の中で今のところ最も反響が大きいのは、上記リストにはない現象学者ダン・ザハヴィとの共著『現象学的な心（*The Phenomenological Mind*）』（Gallagher & Zahavi 2008/2011）である。この本は、意識、時間、知覚、志向性、身体性、行為、他者性、自己など、現象学における伝統的な論点をひとつずつ取り上げ、それを現代認知科学の知見との対話に置いているのだが、認知科学の仮説を裏づけている心の哲学への批判的な言及も数多く見られる（実際サブタイトルにも「心の哲学と認知科学入門」と付されている）。二〇〇八年に初版が出版されてから世界的な反響が大きく、二〇一二年に第二版、二〇二一年に第三版がそれぞれ増補して刊行されているだけでなく、現在までに日本語を含む九カ国語に翻訳されている。ギャラガーとザハヴィの努力によって、心の科学をめぐる哲学的考察においては、現象学と心の哲学の垣根は少しずつ取り払われつつある。

いずれにせよ、現象学、認知科学、心の哲学を結ぶ現代哲学の最もエキサイティングな場所にショーン・ギャラガーが立っており、独特の存在感を放っていることは言うまでもない。本書を読めば、身体性認知、埋め込み認知、拡張性認知、エナクティブ認知と議論が進んでいく中で、認知科学のさまざまな考え方が哲学的な観点から巧みに整理されていくのが読者にも理解できることだろう。また、予測的処理や自由エネルギー原理とエナクティブ・アプローチの統合の可否を検討した第7章2節の記述は、認知科学・神経科学の未来を見据えるうえで重要な示唆に富むものになっていると感じられることと思う。

引用文献

Abrahamsen, A., & Bechtel, W.（2012）. History and core themes. In K. Frankish and W. M. Ramsey（eds.）. *The Cambridge handbook of cognitive science*（pp. 9–28）. Cambridge, UK: Cambridge University Press.

Chomsky, N.（1965）. *Aspects of the theory of syntax*. Cambridge, MA: MIT Press.

Dennett, D.（1984）. Cognitive wheels: The frame problem of AI. In M. A. Boden（ed.）. *The Philosophy of Artificial Intelligence*（pp. 147–170）. Oxford, UK: Oxford University Press.

Descartes, R.（1637/2010）. *Discours de la méthode*.（「方法序説」（三宅徳嘉・小池健男訳）、『デカルト著作集1』所収、白水社、二〇一〇年）

Descartes, R.（1641/2001）. *Meditationes de prima philosophia*.（「省察」（所雄章訳）、『デカルト著作集2』所収、白水社、二〇〇一年）

Descartes, R.（1644/2001）. *Principia philosophiae*.（「哲学原理」（三輪正・本多英太郎訳）、『デカルト著作集3』所収、白水社、二〇〇一年）

Descartes, R.（1649/2001）. *Les passions de l'âme*.（「情念論」（花田圭介訳）、『デカルト著作集3』所収、白水社、

二〇〇一年）
Dreyfus, H.（1979/1992）. *What computers still can't do: A critique of artificial reason*. Cambridge, MA: MIT Press.（『コンピュータには何ができないか——哲学的人工知能批判』（黒崎政男・村若修訳）産業図書、一九九二年）
Gallagher, S., & Zahavi, D.（2008/2011）. *The phenomenological mind: An introduction to philosophy of mind and cognitive science*. New York, NY: Routledge.（『現象学的な心——心の哲学と認知科学入門』（石原孝二・宮原克典・池田喬・朴嵩哲訳）勁草書房、二〇一一年）
Gardner, H.（1985）. *The mind's new science: A history of the cognitive revolution*. New York, NY: Basic Books.
Gibbs, R. W.（2006）. *Embodiment and cognitive science*. Cambridge, UK: Cambridge University Press.
Goldman, A. I.（2014）. The bodily formats approach to embodied cognition. In U. Kriegel（Ed.）. *Current controversies in philosophy of mind*（pp. 91–108）. New York, NY: Routledge.
Harnad, S.（1990）. The symbol grounding problem. *Physica D, 42*, 335–346.
Heidegger, M.（1967/2013）. *Sein und Zeit*. Tübingen, Germany: Max Niemeyer Verlag.（『存在と時間（一）〜（四）』（熊野純彦訳）岩波文庫、二〇一三年）
Held, R., & Hein, A.（1963）. Movement-produced stimulation in the development of visually guided behavior. *Journal of Comparative and Physiological Psychology, 56*, 872–876.
Husserl, E.（1950/1979–84）. *Ideen zu einer reinen Phänomenologie und phänomenologischen Philosophie（Erstes Buch）*. The Hague, Netherlands: Martinus Nijhoff.（『イデーンⅠ——1／2』（渡辺二郎訳）みすず書房、一九七九・一九八四年）
Johnson-Laird, P. N.（1988）. *The computer and the mind: An introduction to cognitive science*. Cambridge, MA: Harvard University Press.
Kasparov, G.（2024）. Man vs Machine. https://www.kasparov.com/timeline-event/deep-blue/（最終アクセス：二〇

二〇一四年八月一〇日）
McCarthy, J., & Hayes, P. J. (1969). Some philosophical problems from the standpoint of artificial intelligence. *Machine Intelligence, 4*, 463–502.
McCulloch, W., & Pitts, W. (1943). A logical calculus of the ideas immanent in nervous activity. *Bulletin of Mathematical Biophysics, 5*, 115–133.
Merleau-Ponty, M. (1945/2015). *Phénoménologie de la perception*. Paris, France: Gallimard.（『知覚の現象学』（中島盛夫訳）法政大学出版局、二〇一五年）
Miller, G. A. (1956). The magical number seven, plus or minus two: Some limits on our capacity for processing information. *Psychological Review, 63*, 81–97.
Newell, A., & Simon, H. A. (1956). *The logic theory machine: A complex information processing system*. Santa Monica, CA: Rand Corporation.
Petitot, J., Varela, F. J., Pachoud, B., & Roy, J–M. (1999). *Naturalizing phenomenology: Issues in contemporary phenomenology and cognitive science*. Stanford, CA: Stanford University Press.
Pfeifer, R., & Scheier, C. (1999/2001). *Understanding intelligence*. Cambridge, MA: MIT Press.（『知の創成——身体性認知科学への招待』（石黒章夫・細田耕・小林宏訳）共立出版、二〇〇一年）
Putnam, H. (1981/1994). *Reason, truth and history*.（『理性・真理・歴史——内在的実在論の展開』（野本和幸・中川大・三上勝生・金子洋之訳）法政大学出版局、一九九四年）
Pylyshyn, Z. W. (1980). Computation and cognition: Issues in the foundations of cognitive science. *The Behavioral and Brain Sciences, 3*, 111–169.
Ryle, G. (1949/1987). *The concept of mind*. Chicago, IL: University of Chicago Press.（『心の概念』（坂本百大・井上治子・服部裕幸訳）みすず書房、一九八七年）

高橋澪子（二〇一六）『心の科学史——西洋心理学の背景と実験心理学の誕生』講談社
田中彰吾（二〇二二）「身体性に基づいた人間科学に向かって」、嶋田総太郎編『認知科学講座1——心と身体』（pp. 231–264）、東京大学出版会
徃住彰文（一九九一）『心の計算理論』東京大学出版会
Tomasello, M. (2008/2013). *Origins of human communication*. Cambridge, MA: MIT Press.（『コミュニケーションの起源を探る』（松井智子・岩田彩志訳）勁草書房、二〇一三年）
Varela, F. J., Thompson, E., & Rosch, E. (1991/2001). *The embodied mind: Cognitive science and human experience*. Cambridge, MA: MIT Press.（『身体化された心——仏教思想からのエナクティブ・アプローチ』（田中靖夫訳）工作舎、二〇〇一年）
von Neumann, J. (1958/2011). *The computer and the brain*. New Haven, CT: Yale University Press.（『計算機と脳』（柴田裕之訳）筑摩書房、二〇一一年）
Watson, J. B. (1924/1970). *Behaviorism* (reprint). New York, NY: W. W. Norton.
Watson, J. B., & Rayner, R. (1920). Conditioned emotional reactions. *Journal of Experimental Psychology, 3*, 1–14.
Weiss, T. R. (2021). ENIAC 75周年：世界初のスーパーコンピュータを記念して. HPC WIRE JAPAN（二〇二一年二月二〇日）. https://www.hpcwire.jp/archives/43666（最終アクセス：二〇二四年八月一〇日）
Wundt, W. (1874). *Grundzüge der physiologischen Psychologie*. Leibzig, Germany: Verlag von Wilhelm Engelmann.

第1章

イントロダクション

身体性認知とは何か？

一般に身体性認知の理論家が主張しているのは、身体の神経的および神経外的な過程が、そして身体と環境のカップリングの様式が認知において重要な役割を果たすということである。身体性認知の哲学的源流は現象学とプラグマティズムにあるが、分析的な心の哲学からも洞察を取り入れているし、発達心理学、実験心理学、神経科学、ロボティクスの研究からも豊かに情報を得ている。学問分野と観点がこのように多様なため、身体性認知（＊原著ではＥＣと略されているが訳文では略さずすべて「身体性認知」とする）の概念は定まっていない。身体性認知は、心への理論的アプローチを昔も今も支配する古典的デカルト主義や認知主義の説明に対する挑戦としてたいてい描かれるものの、それがつねに該当するわけでもない。身体性認知には幅広いアプローチが含まれ、標準的で計算論的な心のモデルの近辺にとどまる保守的バージョンもあれば、狭い神経中心主義的理論に反対して非表象主義を採用するより急進的な説明もある。

私が提案したいのは、身体性認知が包含する理論的領域、および古典的認知主義（＊原著ではCCと略されているが訳文では略さずすべて「古典的認知主義」とする）――すなわち内的計算または心的表象過程を強調する認知科学――との関係を示すうえで役立つよう、アルヴィン・ゴールドマンとフレデリック・ド・ヴィニュモン（Goldman & de Vignemont 2009: 158）がこの目的のために特別に設定した一連の問いをやや改変して使うことである。彼らは身体性認知の理論家に対して、身体性および身体性認知過程によって何を意味するのか明確にするようはっきり挑戦している。私はこれを挑戦問題（challenge questions）と呼び、以下のようにまとめておく。身体性認知について何らかの解釈を選択しているとして、

①どのような身体性の概念を操作的に用いているか？
②どの領域の認知、あるいはどのような認知課題が身体化されるのか？　また、各課題はどの程度の身体性を含むのか？
③どのような経験的証拠によって、身体性に関する特定の主張が支持されるのか？
④提示された主張は、古典的認知主義から実質的にどのように離反するのか？

第四の問いに関連して五番目の問いを私は追加しておきたい。

⑤心的表象または神経表象は、認知においてどのような役割を果たすのか？

これらの問いに対する答えは、各種の身体性認知の概念に含まれる理論面および実践面での支柱を理解する導きの糸になるだろう。

しかしその前に、身体性認知という広い見出し語の傘下に入る一連の候補となる学説を特定しておく必要がある。身体性認知に関する数多くのレビューは冒頭で各種アプローチの目録を示しており、役立ちはするが妨げにもなる。候補となるアプローチ間の区別ができる点で役立つのだが、用語や分類原理についての合意が欠けていて曖昧さが残る点で妨げになるのである。それでも、身体性認知分野を特徴づけるこの種の試みを検討することで、次章で問題となるさまざまな論点の範囲が明確になり、私たちの導入作業が容易になるだろう。私はこれらの試みをふり返りつつ身体性認知分野の地図を描きながら、挑戦問題に何度も立ち返ることになるだろう。

第2章　身体性認知のフィールド

最初に、マーガレット・ウィルソン（Wilson 2002）が初期に特徴づけた「身体性認知の六つの見方」を取り上げよう。これらの「見方」は、身体性認知へのさまざまなアプローチが選択的に擁護する原理の一式と考えてよいものである。私はこれらをウィルソンのWを取ってW1〜W6とする。

［W1］認知は状況に立脚している（認知の生じる環境が重要な役割を果たす）
［W2］認知は時間に制約されている
［W3］認知は環境へと委ねられる
［W4］環境は認知システムの一部である
［W5］認知は行為のためにある
［W6］オフラインの認知は身体に根ざしている

身体性認知の個々の理論は、これらの主張のいくつかを強調し、それ以外を拒絶する。そのため、ラリー・シャピロ（Shapiro 2007: 338）は、身体性認知が「理論というよりは研究プログラムであって、……身体性認知が関与し主題とするところはかなり不明瞭だ」と好んで述べる。彼は身体性認知の研究目標を三つ挙げ、それぞれ異なる強調点を持つとしている。

［S１］認知の過程に対して物理的な身体的過程が寄与していることを強調するもの
［S２］認知の内容に対して身体的要因が寄与していることを強調するもの
［S３］認知にとって身体と環境のカップリングが重要であると強調するもの

ウィルソンの六項目をシャピロの三項目で分類すると、論点が分岐し始める。W６は明らかにＳ２と関連している。ウィルソンもシャピロも念頭に置いているのはレイコフとジョンソン（Lakoff & Johnson 1999）の仕事である。彼らの仕事は、オフライン（＊「オフライン」は状況の変化にかかわらず保持される認知のあり方を、「オンライン」は時々刻々の状況の変化に呼応する認知のあり方を指す）の高次認知が身体的メタファーや身体に関連した脳のシミュレーションに根ざしたものであることを示している。これは、ローレンス・バーサロー（Barsalou 1999）やアーサー・グレンバーグ（Glenberg 2010）などの仕事によって見出されたことでもある（これらのアプローチについては第３章１節を参照）。この点では合意ができるとしても、その他の主張では合意が不明確になる。Ｓ３でシャピロが言及するのは拡張した心の概念（Clark & Chalmers 1998）のみであるが、ウィルソンの言う認知の状況性（W２）や行為指向性（W５）を含めるべきではないだろうか。答えは明確ではない。また、S１がウィルソンの主張のどれに包括されるか、あるいはW２がシャピロの目標のどれに合致するかも明確ではない。［さらには］ロボットの身体や人工エージェントのように、含めるべき論点の目録を広げていく他のリストも存在する（例えばZiemke 2001）。

私たちの目的にとっては、このリストを充実させることよりも、身体性認知が包括する主題、論点、アプローチの幅広さに気づくことにポイントがある。実際、シャピロとスポールディング（Shapiro & Spaulding 2021）が身体性認知の形態を分類する約二〇年の試みの仕上げとしてウィルソンに言及しつつ警告する通り、項目数を減らそうとすれば「身体性認知の新規性と目されるものが台無しになるぐらい、身体性認知についての描写を一般化する危険を冒すことになる」。

おそらく、身体性認知の領域を定義する試みのうち最も影響力があるのは、４E認知の考え方である（Menary 2010c; Newen, De Bruin, & Gallagher 2018; Rowlands 2010）。ただし、４Eの概念（エンボディード、エンベデッド、エクステンデッド、エナクティブ）にも多少の曖昧さが含まれる。一方で４E認知は身体性認知に対する全般的に異なるアプローチを特徴づける試みであるのに、他方で「身体性」認知を単一の特定アプローチとして包含しているからである。しかも、心を包括的に説明するには四つのEに加えてさらなるEが必要だと記すようになりつつある。例えば、生態学的（ecological）、情動的（emotional）、共感的（empathic）、実存的（existential）、などである。

身体性認知に含まれる複雑性を完全に正当に評価できる分類図式はないのだが、以下の議論のため私は4Eの図式を採用したい。注意すべきなのは、この戦略にはいくつか制約または制限があることだ。第一に、4E内部にも多くの一致と不一致があるということ。例えば、生態学的心理学には全4Eアプローチで取り上げられる原理を見出すことができる。また、感情または情動に関連する過程は第一のE（エンボディード）で明らかに強調されるが、エナクティブな説明でも主要な役割を果たす。同様に、各アプローチでやや異なった仕方で定義されるものの、埋め込み（エンベデッド）、拡張性（エクステンデッド）、エナクティブのアプローチでは身体と環境のカップリングが中心的であり、この違いが重要になる可能性がある。例えば、埋め込みアプローチは、環境要因が認知に対して因果的影響を与えるにとどまると主張する。一方で、拡張性とエナクティブのアプローチは、場合によって環境要因が認知の構成にまで寄与するとしばしば主張する。これはウィルソンのW3とW4の違い、すなわち、私たちが認知の仕事を環境へと委ねることで環境が因果的役割を果たすようになることと、環境を認知システムの一部と考えることとの違いである[1]。これらに加えて、あるEと別のEでは、身体性や表象といった基本概念にどのくらいの比重を置くかについてもはっきりした合意が見られないのである。

しかも、典型的に想定されているのとは逆に、すべての身体性認知のアプローチが古典的認知主義のモデルへの反対を共有しているわけでもない。これは物議を醸す論点である。もしも、認知についての標準的な計算論モデルが次の考えに立脚するなら、すなわち、心的過程とは表象をまたいで作動する計算過程であり、認知はつねに「頭の中」にあるという内在主義的で神経中心主義的な考え方に積極的に立つのだとすると、身体性認知の（すべてではないが）大半のバージョンは、これらの考え方のどちらかまたはどちらも拒否する。また、認知システムにとって身体的過程および環境との相互作用が重要であると強調する。

さらには、認知を形成する際に身体が果たす役割を各4Eアプローチがそれぞれの仕方で提示している。ある見方によると、中枢または神経系による操作の前と後に、神経外の身体が情報を処理している（例えばChiel & Beer 1997）。別の見方によると、ミニマルな行為指向の表象が一定の仕事をしている（Clark 1997; Wheeler 2005）。また別の考え方によると、身体それ自体が表象としての役割を果たしている（Rowlands 2006）。対照的にエナクティブ・アプローチが示唆するのは、感覚運動随伴性（すなわち身体運動に対して感覚過程がいかに対応するか：O'Regan & Noë 2001）を含め、姿勢と身体運動、身体の情動性（Colombetti 2014）のすべてが非表象的な仕方で認知へと浸透するということである。ある者にとっては、身体が環境とダイナミカルにカップリングしているという考えが重要である（Di Paolo 2005; Thompson 2007）。他の者にとっては、行為のアフォーダンスが身体相関的またはスキル相関的であるとする考えが本質的である（Chemero 2009）。程度の差はあるものの、これらの考えは正統派の認知科学から拠点を移すうえで役に立つ。一般的に言って、認知を主導するのは単に脳だけではなく脳‐身体‐環境なのである。これが身体性認知の大まかなメッセージではあるのだが、次章で見る通り、あるバージョンでは身体の持つ物質的で構造的な側面が割り引かれ、相変わらず内的表象の観点から認知が特徴づけられている。

こうした点が各種のEアプローチを識別する差異だとすると、各Eの内部にも大きな差異があることを記しておかねばならない。例えば、第一のE［エンボディード］には、計算論と表象モデルの近くにとどまる「弱い」身体性と、そうした標準モデルを拒否する「強い」身体性との違いがある。埋め込みアプローチには、（外的要因が行為主体に影響を与えるという）環境の制約を強調するものと、（行為主体と強い関係を持つ場合のみそうした要因を考慮する）エコロジカルな合理性を強調するものとの間に違いがある。拡張した心の議論には、二種類か三種類、場合によっては四種類の「波 waves」を定義することができ、その中には計算と表象の概念を支持するものもある。エナクティブ・アプローチはいずれも反表象的アプローチを取るものの、オートポイエーシス的なものとラディカルなエナクティビズムに分かれる。

このような事情のため、良い地図が必要なのである。続く各章では、4Eに焦点を当てて身体性認知の風景をより詳しく探索し、冒頭に挙げた挑戦問題に対して各立場がどのように答えているかを示す。第6章以降では、認知へのエナクティブ・アプローチにより強く焦点を当てる。

注

（1）シャピロとスポールディング（Shapiro & Spaulding 2021: n.p.）の指摘によると、身体と環境のカップリングという概念にはいくつかの意味があるが、生態学的アプローチとエナクティブ・アプローチでは、ダイナミカルシステム理論の観点で用いられるカップリングの専門的定義を共有している。

ある対象の振る舞いを記述する微分方程式に、他の対象の振る舞いを参照する項が含まれるのであれば、それらの対象の振る舞いはカップリングされている。……ダイナミカルシステムを記述する方程式における複数項の共同生起が示しているのは、方程式によって言及される複数対象の振る舞いが共同依存的だということである。したがってそれら複数対象は単一システム――連立微分方程式で表される関係性を持ち、部分の相互作用によって維持されるシステム——の構成要素とみなしてかまわない。

このように、カップリングされる関係は、認知を構成すると考えられている。この主張については第7章1節で論じる。

第3章

第一のE

身体性

エイドリアン・アルスミスとフレデリック・ド・ヴィニュモン（Alsmith & de Vignemont 2012）は「弱い」身体性と「強い」身体性を区別する。強い身体性は、認知において（非神経的な）身体が果たす重大な説明的役割を支持するが、弱い身体性は、身体に関連する表象または身体にフォーマット［Bフォーマット］された（神経的な）表象に対して重大な説明的役割を与える。実際、弱い身体性認知は、身体それ自体——解剖学的、体位的、運動的、およびより一般的な物理的特徴——を、必ずしも認知過程には含めない。むしろ、現実的で関連性のある行為すべては脳内で生じるとするのである。脳を除くと、弱い身体性認知はきわめて脱身体的である。身体性が意味するところは、せいぜい「脳の中の身体」（Berlucchi & Aglioti 2010; Tsakiris 2010）に過ぎない。

1　弱い身体性認知

アルヴィン・ゴールドマンは、心理学・神経科学・言語学・哲学の研究に基づいて、身体性認知についての「統一的かつ包括的」な説明と彼が呼ぶものを提示した（Goldman 2012: 85）。ところが彼の見方では、現実の身体は、認知においては周辺的または瑣末な役割しか果たしていない。それよりも、身体にフォーマットされた（またはBフォーマットの）脳内の表象が大半の仕事をしているのである。そのためゴールドマンは、認知に関連性のある解剖学、感覚運動随伴性、環境とのカップリングを除外し、「脳は、すべてではないにせよ大半の心的事象の座である」（Goldman & de Vignemont 2009: 154）と明言する。Bフォーマットの神経表象を含むプロセスは純粋に脳に内在するものであり、シャピロ（Shapiro 2014）が示唆する通り、十分に装備された桶にあると考えてもよいことになる。ここで参照されているのは、桶の中の脳という有名な思考実験である。ある解釈によれば、桶の中の脳が示しているのは、桶の中にある身体なき脳が化学物質によって生命を維持され適切な入力を（神経への直接刺激を経て）受けていれば、完全に身体化された主体にとってと同様の認知機能、経験、表象内容が生じるだろうということである。ゴールドマンはこの種の主張に対してひとつ慎重な制約を課している。すなわち、そうした表象の内容は、表象が「因果的に相互作用する」ところの何かに依存しており、「桶の中の脳の状態は、通常の身体化された脳の状態と同じ内容を備えていないかもしれない」ということが「ありうる（実際そうかもしれない）」（Goldman 2014: 104）との指摘である。それゆえ身体と環境はここにおいて最低限の役割を果たしていると言えるかもしれない。

Bフォーマットの表象とは正確にはどのようなものだろうか。ゴールドマン（Goldman 2012）も認めているように、認知科学ではしばしば表象のフォーマットに言及されるにもかかわらず、フォーマットがどのようなものかは明確でない。古典的には、表象は言語のような（命題的な）側面を備え、各種の感覚モダリティを横断する特徴的で構文的な手順または規則に従うものと考えられてきた（Jackendoff 2002）。これに対して、Bフォーマットは非命題的であり、具体的には「主体自身の身体の状態を、特に内的パースペクティブから表現する」（Goldman 2012: 73）。ジェシー・プリンツの示唆によると「その種の表象とプロセスは二つの形式で到来する。［ひとつは］身体運動の知覚のように、身体を表現するまたは身体に応答するような表象とプロセスである。［もうひとつは］運動指令のように、身体に影響を与える表象とプロセスである」（Prinz 2009: 420）。ゴールドマンによると、ミラーニューロン（知覚主体が意図的な行為をする場合と、他の行為主体が同じ行為をするのを知覚主体が見る場合に活性化する）はBフォーマットの表象を形成するという。体性感覚、情動、内受容感覚の表象もまたBフォーマットであり、「痛み、体温、痒み、筋肉と内臓の感覚、血管運動、飢えと渇きなど、身体の生理的条件と結びついている」（Goldman & de Vignemont 2009: 156）。したがって、内受容過程と運動課題に結びついた表象、すなわち表象内容が「自己身体の状態と自己身体の活動にともなう」ものがBフォーマットであり、自己の筋肉、関節、四肢の位置に関する固有感覚と運動感覚の情報を含むだろう（Goldman 2012: 71）。そうした情報は末梢に由来するが、中枢で表象されるときだけBフォーマットにされる——「例えば、体性感覚皮質と運動皮質の活性化と関連してコードされる」（Goldman 2012: 74）。

ゴールドマンは、身体的過程だけに関わる認知的操作を超えてBフォーマットの説明範囲を広げるため、マイケル・アンダーソン（Anderson 2010）の「再利用仮説」を取り入れる。すなわち、進化的な時間の枠組みのもとでは、ひとつの利用法のためにもともと確立された神経回路は、本来の機能を保ちながらも、他の目的のために再利用または再配置されるとする考えである。例えば、ミラーニューロンは運動制御にともなう運動ニューロンとして始まったが、進化の過程を通じて社会的認知の文脈で取り入れられ機能するようになった——運動制御のためだけに活性化するのではなく、他の行為主体が活動するのを見た場合にも活性化するようになったのである。この定義によると、本来の機能においても、拡大／派生した機能においても、Bフォーマットの表象を採用する認知課題はいずれも、身体性認知の一形態であることになる。

　ゴールドマンは言語学における再利用原理のわかりやすい例を挙げている。プルファーミュラー（Pulvermüller 2005）の言語基盤仮説が示しているように、言語理解には皮質の運動野の活性化がともなう。例えば、主体が「なめる（*lick*）」という言葉を聞くと、舌の運動に対応する感覚運動野が活性化する。「つむ（*pick*）」や「ける（*kick*）」といった行為語であれば、それぞれ手と足に対応する皮質の領野が活性化する。言語理解はこのように、内受容的でBフォーマットされた運動表象の再利用を反映しているのである。ここから示唆されるのは、「高次の思考は、低次の運動行為の表象に基盤を持つ」（Goldman 2014: 97）ということである。ゴールドマンはまた同じ観点から、グレンバーグ（Glenberg 2010）、バーサロー（Barsalou 1999）、レイコフとジョンソン（Lakoff & Johnson 1999）の仕事を参照し、シミュレーションによってもメタファーによっても抽象的思考の身体的起源を説明できることを示している。例えば、記憶は、運動制御の神経回路の活性化をともなうものでありうる（Casasanto & Dijkstra 2010）。数えることは、手に関連する運動野の活性化をともなう（Andres, Seron, & Olivier 2007）。これらの認知活動はそれゆえ、身体性認知の事例として考慮すべきなのである。

ゴールドマンはまた、Bフォーマット表象が知覚においても一定の役割を果たすと考えている。彼が言及するのはデニス・プロフィットの仕事である。プロフィットが示したのは、身体の状態（疲労や好調）、肉体的労力についての予期、さらに自己身体についての知覚さえ、環境内の対象までの距離、対象の傾き、対象の大きさについての知覚的見積りに影響しうるということである（Proffitt 2006; Proffitt et al. 1995）。弱い身体性認知によると、身体過程をモニターする脳が、内的な運動シミュレーションとしてのBフォーマット表象と知覚情報を統合し、それに応じて今度はBフォーマット表象が距離・傾き・大きさなどについての知覚的判断をかたどるのである。知覚主体が疲れていたり、課題Bと比べて課題Aのほうがより労力のかかるものだったりすると、「「行為上」の観点から」判断され、目標までの距離がより長く見えるのである（Goldman 2012: 83）。

> 問題となる運動活動に連動する認知活動を主体は再演しようとするのである――実際に効果器をまったく動かすことなく。この一連の段階の途中またはその最後に、システムのエネルギー状態または生理的状態がモニターされる。距離の判断は、検出されたこれらの状態の水準を部分的に機能としつつ成立する。（Goldman 2012: 83）

プロフィットもゴールドマンもここ〔弱い身体性認知〕にともなう内部メカニズムの詳細を示していないが、それはシミュレーション過程という特徴を持っている。脳内のシミュレーションによって課題に要するエネルギーの水準が検出され、それが知覚的判断を形づくるのである。詳細は別にして、ゴールドマンの主張の要点は、この種のプロセスが神経再利用の例となっていることにある。再利用においては、Bフォーマット表象が各種の認知課題用に再配置されるのであり、ここでは距離の知覚がその事例になっているということである。

強い身体性、あるいはより一般的な身体性認知の観点からすると、このように弱いバージョンの身体性認知は、「無害化」されたB表象の役割を推進するもので問題がある。しかも、脳を含めずに身体を定義するのであれば、弱いバージョンの身体性認知は逆説的にも脱身体化されていることになる。「身体性の理論家たちが欲しているのは、認知活動を説明するうえで身体の重要性を拡大することである。では、「身体」はここで何を意味するのか。意味すべきなのは、脳以外の全身である。脳を身体の一部として認めるのであれば、心的生活にとって身体が不可欠であるとの主張は取るに足りないものになる」(Goldman & de Vignemont 2009: 154)。しかも、弱い身体性認知は、「身体が埋め込まれている状況や環境に(また身体がそれに関連している様子に)ではなく、(文字通りに解される)身体」(Goldman & de Vignemont 2009: 154)に焦点を当てているため、身体を環境から引き離してしまう。しかし、身体はその環境から切り離せないというのが他のバージョンの身体性認知における中核的主張である。ランドール・ビアー(Beer 2000)は言う——「身体と神経系が環境とともに共進化したとすると、また、自然淘汰の対象になるのは純然たる動物の行動だけだとすると、〔身体と環境の〕緊密なカップリングという見方が必要だとしても驚くべきことではないだろう」(Brooks 1991; Chemero 2009; Chiel & Beer 1997も参照)。脳を持たず環境からも切り離されたただの身体は、ただの死体に過ぎないだろう。

アルスミスとド・ヴィーニュモンが指摘している通り、弱い身体性認知に見られる考えは、「認知状態が神経のハードウェアにおいてのみ実現されるとの神経中心主義的な考えから……わずかだが異なっている」(Alsmith & de Vignemont 2012: 5)。実際、弱い身体性認知は、古典的認知主義の枠組みとは相いれない。身体による重大な寄与を排除し続ける限り、認知主義は、身体性認知がまさにその枠組みに挑戦しているという事実を無視することになる。アルスミスとド・ヴィーニュモン(Alsmith & de Vignemont 2012: 2)も認めている通り、「世界の表象を仮定すると環境の説明的役割を弱めると考えられるのと同様に、身体表象を仮定すると実際には身体の説明的役割を弱めることになってしまう」。彼らはこれをより強い見方と対比する――「特定種の表象は非神経的身体(すなわち脳以外の身体)に密に依存しており、認知課題にともなう身体表象は非神経的身体それ自体を巻き込んでいる」。後者の見方を弱い身体性認知は拒否するが、それは次のバーサローの主張からも明確である――認知は運動野の再活性化に基づいて生じるものの、「感覚運動的経験をコード化する特定の身体からは独立に進行することができるのである」(Barsalou 2008: 619)。

ここで、ゴールドマンとド・ヴィーニュモンによる挑戦問題を、彼ら自身による弱いバージョンの身体性認知にぶつけてみよう。

①どのような身体性の概念を操作的に用いているか?

→弱い身体性認知が示唆するのは、関連する身体過程を無害化された脳内表象へと還元する最小の解釈である。

②どの領域の認知、あるいはどのような認知課題が身体化されるのか？　また、各課題はどの程度の身体性を含むのか？

→ゴールドマンとド・ヴィーニュモン（Goldman & de Vignemont 2009: 158）は社会的認知に焦点を当てており、それ以外で身体性認知が一般化することはなさそうだと述べている。しかし、再利用仮説を採用した後のゴールドマン（Goldman 2012）は、身体性認知は一般化可能であり、内受容感覚、知覚、さらには高次過程まで含めて、数多くの認知的操作に拡張しうると考えている。

③どのような経験的証拠によって、身体性に関する特定の主張が支持されるのか？

→ミラーニューロン研究に関する経験的証拠、および脳損傷によってBフォーマット表象に影響がおよび「行為と情動認知に妨害が生じる」との証拠が弱い身体性認知の主張を支持している（Goldman & de Vignemont 2009: 156）。ゴールドマン（Goldman 2012; 2014）は、プルファーミュラー、バーサロー、プロフィットらの研究も経験的証拠として挙げている。

④提示された主張は、古典的認知主義から実質的にどのように離反するのか？

→弱い身体性認知は古典的認知主義とも比較的調和するように見えるが、古典的認知主義はB表象に備わる「低次の性質」を予期していなかった。（＊高次認知が身体性によって支えられていると予想していなかった）。

⑤心的表象または神経表象は、認知においてどのような役割を果たすのか?
→弱い身体性認知は、強い表象主義である。Bフォーマットされているとはいえ、シミュレーションはまさに表象である。

2　身体性意味論

ゴールドマンは、レイコフとジョンソンの仕事を弱い身体性認知の例に含めている。しかし私の見るところ、彼らは表象主義を避けている点で弱い身体性認知と強い身体性認知の中間の位置を占めている。この中間的立場によると、身体の構造・組成・運動能力は、私たちがものごとを経験する仕方だけでなく、私たちが何を経験するか、世界をどのように理解するか、ということも決定している。レイコフとジョンソンは、認知言語学と実験言語学を始めとして、心的回転、心的イメージ、ジェスチャー、手話などに関する文化人類学・心理学・神経科学・認知科学の研究も参照しながら、私たちの概念的生活が空間行動と運動に始まり、身体経験から意味を引き出すとの名高い議論を展開している。このように、「私たちの身体の特異性が、まさに概念化し分類する私たちの可能性を形成する」(Lakoff & Johnson 1999: 19 *邦訳 p. 31)(*邦訳を参照したがここでの文脈に合わせて訳し直した。以下同様)。彼らにとって、身体的経験と概念的思考を結ぶ特別なメカニズムがメタファーである。

前‐後、内‐外、近い‐遠い、押す、引く、支える、バランスなど、基礎的で繰り返される「イメージ図式」に基づいてメタファーは形成される。そして今度は、基礎的なイメージ図式が身体的経験を通じて生成する(Lakoff & Johnson 1999: 36 ＊邦訳 p. 52)。それゆえ、「前と後ろの概念は身体に基礎づけられている。どちらの概念も、前面と背面を持つ存在にとってのみ意味を持つのである。この惑星上のあらゆる存在が一様に静止した球体であり、何らかの媒体に浮かんで全方向を等しく知覚しているとしたら、それらは前と後ろの概念を持たないだろう」(Lakoff & Johnson 1999: 34 ＊邦訳 p. 50)。同じことは上‐下、内側‐外側などについても言えるだろう。このように基礎となるイメージ図式は、私たちの抽象的で概念的な思考、および計画立案と意思決定を、メタファーを通じて形づくっているのである。例えば、正義という抽象的概念は一種のバランスによって特徴づけられる(＊正義の女神は天秤を手にしている)。美徳はまっすぐ立つという観点から理解されるし(＊例えば道徳的な振る舞いは「立派な行動」と言われる)、未来の計画立案は上と前の観点から「今週やってくるのは何だろう(What's coming up this week?)」と理解されるのである。また例えば、内‐外のイメージ図式と包含(containment)のメタファーは、一連の多くの概念へと広がる――ほぼ字義通りの「ジョンは部屋の外へ出て行った」から、抽象的な「彼女はやっと抑うつ状態から脱出した」や「私は関連するデータを考察の外に置き去りにしたくない」」、さらには排中律のように論理的に抽象的なものまで(Johnson 1987)(＊排中律は、ある命題Pがあるとき、Pは正しいか正しくないかのどちらかであり、中間的な状態を「外」に除外するという論理学の原理)。以上の見方は、数学的な概念の説明にも拡張されている(Lakoff & Núñez 2000)。

一方でレイコフとジョンソンは、ある種の神経系のシミュレーションを支持している。「身体化された概念は、私たちの脳に備わる感覚運動システムの一部としての、あるいはそれを利用する神経系の構造である。したがって、概念的推論の多くは感覚運動的推論なのである」(Lakoff & Johnson 1999: 20 *邦訳 p. 33)。レイコフとジョンソンの見方はコネクショニズムの見方と合致し、ある解釈によれば(Zlatev 2010)、古典的認知主義に反するものでもない(*コネクショニズムはニューラルネットワークを利用した人工知能を設計する立場)。だがその一方で、レイコフとジョンソンは内的表象を避けており、この点で強い身体性認知、さらにはエナクティビズムの見方にも近い。

『肉中の哲学』で述べた通り、唯一うまくいく表象の理論は、表象を有機体 - 環境の相互作用の柔軟なパターンとするものである。表象は、「指示(reference)」と称される不思議な関係で外的世界の諸部分となぜか結びつけられているような、内的で心的な実体ではない。私たちは表象についてのこのような古典的概念を退けるし、それに基づく意味や指示の見方も同様に退ける。私たちが注意深く避けようとしている用語が表象である(Johnson & Lakoff 2002: 249–250)。

3 強い身体性認知

弱い身体性認知は、解剖学的構造と身体運動が認知にとって重要な要因であることを認めない。これとは対照的に、強い身体性認知が示唆しているのは、脳内処理に先立つ認知(事前処理)、また脳内処理に後続する認知(事後処理)を形成するうえで、解剖学的構造と運動が大きく貢献しているということである（e.g., Chiel & Beer 1997; Shapiro 2004）。この場合の身体性が意味するのは、神経外の身体の構造的特徴が私たちの認知経験を形づくるということである（Gallagher 2005a）。例えば、私たちが今ある位置に二つの眼球を持っているという事実から両眼視が派生し、事物の相対的な奥行きを見ることが可能になっている。類似の観察は、両耳の位置と音源の方向を識別する私たちの能力についても行うことができる。シャピロが述べるように、「単純に（もしくは当たり前に）知覚過程が身体構造に適合していることがポイントなのではない。知覚過程が身体に依存し、身体構造を含んでいるということなのである」（Shapiro 2004: 190）。

私たちの感覚経験は頭部と胴体の動き方に依存するが、これは知覚において視差を置き換える場合にも見られる（Churchland, Ramachandran, & Sejnowski 1994）（＊近くの対象は視野内部での移動距離が大きく、遠くの対象は移動距離が小さい。奥行きの次元に相関する対象の距離は、両眼の視差のみから知られるわけではなく、頭部や胴体の動きを通じて知ることもできる）。しかも、私たちの運動反応は脳の水準ですべてが決定されるわけではない。筋肉と腱、その柔軟性、他の筋肉や関節との幾何学的関係、複雑な自由度、過去の活動の歴史によっても仲介される（Berthoz 2000）。この種の証拠からしても、運動がいつも中枢で計画されるわけではないとの考えが後押しされる。運動は、アンディ・クラークが「柔らかい組み立て」と呼ぶものを要する競合的なシステムに基づいている。神経系は「（四肢や関節の）硬さのような）パラメータを調整することを学習し、それによって、身体および環境の制約と相互作用しながら望ましい結果が得られるようにすること」（Clark 1997: 45 ＊邦訳 p. 113）を学習するのである。

強い身体性認知の主張は次のような種類の証拠にも基づいている。さまざまな実験が示しているように、私たちの動き方や姿勢の取り方（例えば、何かを身体から遠くへ押すことと何かを身体の近くに引き寄せることのように）は、対象物の評価に影響を与える（Chen & Bargh 1999など）。同様に、グレンバーグとカスチャック（Glenberg & Kaschak 2002）の実験では、文章に意味があるかないかに合わせて参加者がボタンを押すかレバーを引く――例えば、「引き出しを開ける」（これは身体に向かって引くことを含む）または「引き出しを閉める」（これは身体から向こうに押すことを含む）のように。すると、文章に表現される動きと回答の動きの方向が同じになる場合に、反応時間が短くなるのである。（この種の実験のレビューとして、Varga 2018を参照）。

シャピロが記しているように、「伝統的理論家なら記号操作に帰属させるであろう認知プロセスの諸段階も、〔強い〕身体性認知の観点からすると、身体の物理的属性から発現するのである」（Shapiro 2007: 340）。それでも依然として、こうした結果の多くは情報処理の観点へと投じられ、古典的認知主義の一般原理に一致すると解釈されるかもしれない。身体が何らかの仕事をしているとしても、認知主義者は単純にこう主張するのである。〔身体による〕事前処理は実際のところ、真の認知を構成する中枢での処理を補助するだけで、それは事後処理が中枢処理装置である脳の指示によってある程度決定されているのと同じである、と。

しかしながら、よりホリスティックで、生物学的で、固有感覚的で、情動にも関連する過程は、古典的概念にとってはもっと挑戦的なものかもしれない。これらの過程が知覚と思考に深い影響を与えているという、長年積み上げられてきた経験的な証拠があるからだ。例えば、振動が誘発する固有感覚のパターンは全身の姿勢を変化させるが、これは知覚される環境の変化として解釈される（Roll &

Roll 1988）（＊無意識に姿勢が変わって自己定位が影響を受けると、自分ではなく環境が変化したように感じられる）。また、姿勢と固有感覚を調整すると、知覚コンフリクトを解消する手助けとなる（Rock & Harris 1967）（＊姿勢と固有感覚に変化を加えると触覚情報が視覚優位に再編され、見えているものが整合的に感じられる）。姿勢図式を変化させると（例えば肥満外科手術によって）、空間知覚に変容が生じる（Natvik et al. 2019）。同様に、ホルモンの変化――すなわち身体の化学的変化――は、内臓や筋骨格的な過程と同様に、知覚・記憶・注意・意思決定に対して影響を与える（Damasio 1994; Gallagher 2005a; Shapiro 2004）。身体の化学的調節は認知過程から離れた自律的なものではないし、逆も同じである。「身体調節、生存、そして心は、密接に絡み合っている」（Damasio 1994: 123 ＊邦訳 p. 199）。

このように、認知処理に介入するのは固有感覚や運動の過程だけではない。この点で、感情と気分を含む全般的な情動過程に加えて、空腹、疲労、快感に関する基本的な身体過程もまた重要なのである。空腹や疲労といった身体感性的要因（somaesthetic factors）は、知覚と行為の可能性だけでなく認知過程も制約する。例えば、ダンジガー、レヴァヴ、アヴナイム＝ペッソ（Danziger, Levav, & Avnaim-Pesso 2011）の研究は、空腹が認知過程を形成するだけでなくそれを歪曲さえするとの考えを再確認している。〔彼らによると〕裁判所での司法判断は、単に法的理性を合理的に適用するという問題ではない。裁判官が空腹か満腹かということが重要な役割を果たすのである。「各法廷内において、〔例えば朝食と昼食の間に〕有利な判決の比率は六五パーセントからほぼゼロまで徐々に低下し、〔食事の〕休憩の後になると突然六五パーセントまで戻ってくる。私たちの発見が示唆しているのは、法的判断に無関係であるべき外的変数によって裁判の判決が揺らぎうるということである」（Danziger et al. 2011: 1）。もちろん、法的推論の正規の側面にとってこうした情動的要因は明らかに外的なものと考えられるが、それが「外的」なものとして現れるのも、ある意味では、私たちが認知を非身体的とみなす限りでのことである。やはり空腹は、陪審員による事実の知覚と、証拠の重みづけに対して影響を及ぼしうるのである（法廷における相互作用と司法の正当性に対して身体性認知が持つ含意については、Varga 2018を参照）。

ゴールドマンは弱い身体性認知を支持するものとしてプロフィットの実験を引用しているが、これは強い身体性認知を支持するものとしても解釈できる。プロフィットら（Proffitt et al. 1995）は、疲労やより直接的な身体的負荷を例にとって、これらが知覚に影響することを示している。実験参加者は、重たいバックパックを背負っていると、何も背負っていない場合に比べて、勾配をより急なものとして評価するのである。もっとも、典型的な場合には、単一に分離された情動状態に基づく単一の分離された効果としては現れないだろう。むしろ私たちが典型的に経験しているのは混合した情動過程である。山登りをするとき、私は自分の前に伸びる道を知覚するが、この知覚は、疲労、乱れた呼吸、空腹、痛み、汚れている感じ、登りにともなう運動感覚的な困難の組み合わせによってかたどられている。より一般的に言うと、前夜に十分眠っていれば、道の客観的性質は変化していなくても私の情動状態の変化によって、山道はそれほど大変ではないように違って見えるものである。このように、情動過程は、私の現象的意識を変えないにもかかわらず、私がその影響を知ることのないまま（すなわち意識に先立って）、知覚と行為に対して影響を及ぼすのである。

情動的要因はこのように、身体と世界の相互作用を活気づける複雑な動機の次元を含んでいるし（Colombetti 2014; Stapleton 2013）、情動性は深く身体化されている。それは例えば、循環器系の機能によって制約される。刺激が恐怖を喚起するかどうかの処理、また、恐怖を喚起する場合の刺激の処理について（例えば実験参加者には恐怖に満ちた表情が呈示される）、心拍は影響を与えるのである（Garfinkel et al. 2014）。収縮期にある心臓が拍動する場合、恐怖の刺激はより容易に認識され、拡張期に呈示される場合に比べてより恐ろしく知覚される傾向がある。同様に、呼吸の実験が示すところによると、呼吸の仕方に変化を与えると、感情と痛覚を含む認知過程に有意な変化が生じる（Varga & Heck 2017; Zelano et al. 2016）。重要なのは、強い身体性認知の説明に命を吹き込む見方が、こうした身体的要因によって与えられるということである。私たちは桶の中の脳であるというより、脈打つ心臓を備え、血と肉でできた生物である。この事実から、私たちの経験する情動状態や知覚経験がなぜそのようなものであるのか、その一部が説明されるのである。

それゆえ強い身体性認知が要求するのは、運動、内受容、情動、自律神経系、内分泌、腸の機能まで広がる生体システム過程の役割を認めることである。身体性認知をこのように理解するなら、桶の中の脳という古典的な思考実験は、身体のパフォーマンスが寄与するところを考慮しておらず、実行することが不可能なのである。何人かの理論家が指摘しているように、この桶のエンジニアは、事前処理と事後処理、時間的制約を受ける精密な内分泌と神経伝達の化学、情動的生活などの観点について、生物学的身体が提供するすべてを複製できなければならない。ダマシオが言うように、この思考実験には代理身体を創造することが必要であり、「したがって正常な心をもつ脳には結局「身体型のインプット」が必要であると確認することになる」（Damasio 1994: 228 ＊邦訳 p. 345）（Cosmelli & Thompson 2007 および Gallagher 2005b も参照）。強い身体性認知は脳の重要性を否定するわけではない。ただし、私たちが脳機能を理解しようとすれば、脳と身体が共進化したという事実に依拠することになる――これはずいぶん昔から、少なくとも心理学、生理学、哲学の区別が生じ始めた時代には、わかっていたことなのである。「脳の機能を解釈できるようになる前に、生体について理解しておくことが必須だ」(Lewes 1879: 75)。

挑戦問題については次の通りである。

①どのような身体性の概念を操作的に用いているか？

→強い身体性認知が示唆するのは、豊富な種類の身体システム（運動性、情動性、自律性など）を含め、全身の神経的および非神経的な要因が認知において重要な役割を果たすということである。

②どの領域の認知、あるいはどのような認知課題が身体化されるのか？　また、各課題はどの程度の身体性を含むのか？

→引用した諸研究によると、知覚と行為だけでなく評価的判断においても、身体性の各側面が大いに関与している。後に明らかになるように、身体的な（運動性と情動性の）過程は、社会的認知においても重要な役割を果たしている。

③どのような経験的証拠によって、身体性に関する特定の主張が支持されるのか？

→運動感覚、運動制御、身体図式的過程、知覚追跡、神経同期、呼吸などの研究によって、知覚と判断において身体的過程が重要な役割を果たしているとの考えが支持されている。

④提示された主張は、古典的認知主義から実質的にどのように離反するのか？
→強い身体性認知は、計算論モデルに十分に取り込まれていない神経外の身体的過程の役割を強調する。
⑤心的表象または神経表象は、認知においてどのような役割を果たすのか？
→強い身体性認知は、内的表象よりも身体的過程や環境の物理的過程を強調する傾向がある。しかし後で短く見る通り、このことは、外的表象が学習・問題解決・コミュニケーションにおいて重大な役割を果たすとの考えを除外するわけではない。

第4章

埋め込み認知

第二のE

埋め込み認知の一般的な考え方は、環境が認知過程に足場を与える場合がある、あるいは、環境の特性と関わることで認知的負荷が変化しうるということである。ロバート・ルパートが説明しているように、「認知過程は、有機体にとって外部の道具や器具、あるいは認知がそこで生じる外的環境の構造に、今のところ予期できない仕方で大きく依存している」(Rupert 2004: 393)。外部の人工物のような環境内の資源と協調しながら行為主体が活動するとき、認知過程は、対象の特徴によってその生成を制約されまたは可能にされ、あるいは、利用可能なアフォーダンスによって強化される。例として、ノートを書けばワーキングメモリへの負荷が小さくなる、何かをするときに備忘としてタイマーを設定する、歩き回る際に地図を使ったり景観を利用したりする――あるいは環境は単に物理的ではなく社会的なものでもあるので――誰かに道順を尋ねる、といったことを挙げられる。マーガレット・ウィルソンはこう述べる――「私たちは、状況に関連する細部をすべて心的に貯蔵し操作しようとするのではなく、そうした細部を外部の世界内に、まさに状況それ自体の中に物理的に貯蔵し操作するのである」(Wilson 2002: 629)。この観点に立つ最もわかりやすい主張は、広く普及したプロセスに基づいている。[例えば]学習と教育の実践、書物への信頼、黒板またはホワイトボード、教室の配置、教員とのやり取りなどを考えることができる。科学における知識習得の仕方を考えることもできる。そこでは、受動的な観察よりも、器具を用いた能動的操作、発見と測定の精度を上げる研究室、結論を整理するための図と表の利用などが求められる。道具の使用によって新たな知識が生み出される場合、こうした実践が私たちの思考過程に足場を提供しているのを見て取ることができる。例えば、結果を証明する図を作ることが、新たな理解、新たな図表、新たな実験、そして新たな知識を導くかもしれない(Bredo 1994)。

埋め込み認知(embedded cognition)という見出しのもとで、状況性認知(situated cognition)、分散認知(distributed cognition)、生態学的認知(ecological cognition)を含むいくつかの異なるアプローチを列挙することができる。「状況性認知」という用語は時により一般的な観点から身体性認知と同じものとみなされることがあるが(Robbins & Aydede 2009)、埋め込み認知には、行為主体が能動的であれ受動的であれ環境に立脚しているとの考えが含まれる。一方で、状況内の行為主体は「認識的行為」——認知的負荷を軽減すべく能動的に環境を操作する行為(Kirsh & Maglio 1994)——に関与することができる。他方で、状況性認知が意味するのは、環境が制約的または促進的な役割を果たしているということである。以上の点で、問題となるのは文脈である。物理的、社会的、そして文化的な文脈によって、特定形態の認知が成り立っているだろう。特定の環境は認知と学習を促進するが、その他の環境は促進しないだろう。仮想の（コンピュータによって模擬的に作られた）環境を含め、特定のデザインまたは環境の配置によって学習と問題解決が促進される可能性について、埋め込み認知または状況性認知は考慮に入れる。ここで認知ニッチ構築の概念が関連してくる。この概念は生物進化の分野から派生し（Sterelny 2010）、拡張した心の文脈で発展してきたものである（Clark 2008a; Wheeler & Clark 2008）。この見方によると、有機体（および種）は、生息環境を整形し、環境との長期的関係を能動的に変化させることで、生存の可能性および問題解決の能力を高める。哲学的に言えば、ここにある共通のメッセージは次のことである。すなわち、認知は空中で起きているのでも、頭の中で抽象的に起きているのでもない。現象学者が言うように、認知はつねに世界内で、あるいはエドウィン・ハッチンスが言うように「自然内で（in the wild）」起きているのである。

ハッチンスの仕事は分散認知の領域で知られている。分散認知は、認知システムの境界とメカニズムが次の点で分散しているとの考えを保持する。すなわち、①内的構造と外的（物理的または環境的）構造の協調、②以前の事象から帰結したことが以後の事象を変化させうるといったように、時間を横断して分散するプロセス、③人工エージェントを含め、チームの構成員による協調的な努力（Hutchins 2000）。ハッチンスは船舶ナビゲーションの分析を通じて自らの考えを展開している（Hutchins 1995a）。航海者たちは、認知的に複雑な課題（例えば船舶の速度をノットで計算するといった）に道具（海図や定規のようなな）を使用しながら一緒に取り組むのである。

認知の仕事がなされているのは明白である。しかし同様に明白なのは、人の内部におけるプロセスだけでは計算を完了するのに十分ではないということだ。より大きな分析単位を考えなければならない。縮尺を読みデータを推定するスキルは、定規と海図をうまく合わせて特別な状態をつくる対象操作と協働しているのである。(Hutchins 2000: 8)

問題解決、すなわち計算は、人工物を操作することで達成される。これは、頭の中で、あるいは紙と鉛筆を使ってする場合と比べても、より信頼できる結果をもたらす。認知活動は、(それぞれ異なる役割を果たす)チーム構成員の生産的な相互作用を支援するコラボレーション技術に関与することで成し遂げられるのである。この点はチーム認知の文脈では、共有される外部表象の観点から論じられてきた。共有される外部表象は、全体的または部分的に各種メディアによって伝達されるもので、軍艦の運行システムだけでなく、航空機のコックピット(Hutchins 1995b)、航空運行の管制塔(Halverson 1995)をその例とみなすことができる。これらの文脈では、認知的人工物が現存する人間の能力を拡張するだけでなく、認知課題を異なったものに変化させているのがわかる。問題解決の主体が個人でなくチームの場合であっても、「資源を再度割り当てて、問題解決主体の認知能力により良く適合する形態に変えるのである」(Perry 2003: 201; Fiore et al. 2003)。

ジェームズ・ギブソンの生態学的心理学に由来する生態学的アプローチは、「自然内で」自然ニッチと構築されたニッチから始め、行為可能性が環境の構造によってどのように実現または制約されているかを説明する。ギブソンは、身体化された行為についての生態学的理解を、アフォーダンス概念をめぐって形成する——「環境のアフォーダンスとは、環境が動物に提供するもの、良いものであれ悪いものであれ、用意したり備えたりするものである」(Gibson 1979: 127 *邦訳 p. 137)。ギブソンはメルロ＝ポンティ (Merleau-Ponty 2012) に影響を受けていたが、そのメルロ＝ポンティは、「私はできる」(Husserl 1989) あるいは「道具存在」(Heidegger 1962) という現象学の概念——私たちは、自らの周りにある対象を用いて何ができるかという実用的観点から世界を知覚的に経験するとの考え方——を推し進めた人物だった。「アフォーダンス」という用語はこれらの概念を効果的に取り入れたものである。生態学的な見方については、エナクティブ・アプローチの一部を形成するのに役立つものでもあるため、第6章でさらに取り上げる。

埋め込みアプローチは挑戦問題にどのように答えるのだろうか。

①どのような身体性の概念を操作的に用いているか？
→埋め込み認知は、知覚し行為する身体が環境と相互作用する仕方と、人工物・小道具・テクノロジー等が認知に果たす因果的役割を強調する。
②どの領域の認知、あるいはどのような認知課題が身体化されるのか？ また、各課題はどの程度の身体性を含むのか？
→学習、記憶、問題解決、認識的行為は、物理的および社会的環境との身体的相互作用に全般的に依存する。
③どのような経験的証拠によって、身体性に関する特定の主張が支持されるのか？
→実験心理学(生態学的心理学における実験も含む)、進化論の諸研究、特殊な実践的文脈や社会

的文脈に関するエスノグラフィは、埋め込み認知のさまざまな主張を支持する。

④提示された主張は、古典的認知主義から実質的にどのように離反するのか？

→埋め込み認知が強調するのは、古典的認知主義が通常は考慮に入れていない身体‐環境の相互作用の役割である。

⑤心的表象または神経表象は、認知においてどのような役割を果たすのか？

→埋め込み認知の理論家の多くは、内的表象よりも身体的過程および環境の物理的過程の役割を強調する点において、強い身体性認知と共通である。ただしルパート（Rupert 2011）は、表象を最小限で考慮しているにもかかわらず、「大規模な表象的心」という考え方を支持している（さらなる議論は第6章2節を参照）。最も一般的な意味で、埋め込み認知から見た外部表象は、学習・問題解決・コミュニケーションにおいて役割を果たしうる道具として作動している。

第5章

第三のE
拡張性認知

拡張した心の概念をかたどる歴史的背景と現代的前景はともに複雑である。哲学的背景の深みには、拡張した心仮説（extended-mind hypothesis, EMH）の先駆をチャールズ・サンダース・パースやジョン・デューイのようなプラグマティズムの哲学者に見出すことができる。パースは例えば、「ただの比喩ではなく、化学者にとっての蒸留器と蒸留瓶は、思考の道具または論理機械なのである」（Peirce 1887: 168）と述べている。彼はまた、インク壺が彼の思考装置の一部であるとも示唆している。

心理学者が私の脳の一片を切り取る……そして、私が自分自身を表現できなくなっているのを見て言うだろう――「ほら、あなたの言語能力は脳のこの部位に局所化されていたんだよ」。もちろんそうだろう。それなら、心理学者が私のインク壺を盗んだとしても、新しいのを入手するまで私は自分の考察を続けられなくなるだろう。そう、まさに思考そのものが私には生じなくなってしまう。そうだとすると、私の考察能力も同様に私のインク壺に局所化されているのである。(Peirce 1958: 366)

同じように、デューイは、脳内過程、行為者の身体、各種の道具と装置が思考過程において等価性(parity)を持つと断言している。

手と足、すべての装置と電気製品は、脳内における変化と同様に〔思考の〕一部である。(脳内事象を含め)身体が作動することと各種装備は思考の一部である。思考が心的であるのは、何か特別なものが思考に参入するからでもなければ、特別に非自然的活動が思考を構成するからでもない。身体活動と諸装備のなすものがあるからである。すなわち、身体と装備が思考に特徴的な目的のために用いられ、それが特徴的な結果をもたらすということなのである。(Dewey 1916: 8-9)

より近年ではジョン・オーゲラン(Haugeland 1991; 1995)のような思想家が背景にいる。クラーク(Clark 1997)はオーゲランを引用しながら、拡張した心仮説(＊原文ではEMHとされているが訳文では略さない)と表象が適合するかどうか、またどのように適合するかを論じている。エドウィン・ハッチンス(Hutchins 1995a)による分散認知の概念は拡張した心に近い親戚に見えるし、ロドニー・ブルックス(Brooks 1991)によるロボットのデザインは、ナビゲーションの大半を物理構造に実行させている(＊ブルックスは、中枢制御よりも末梢における振る舞いを強化した「サブサンプション・アーキテクチャ」

と呼ばれるデザインを提唱し、自律的に行為するロボットの制作に成功した)。

現代的前景という言葉で私が意味しているのは、拡張した心仮説の初期の受容(場合によっては拒絶)と、一連の理論的な「波」におけるその持続的発展である(Sutton 2010; 合わせて Cash 2013; Kirchhoff 2012; Menary 2010a も参照)。とはいえ、私たちの出発点は、クラークとチャーマーズ(Clark & Chalmers 1998)、またそこから形成され、時に「第一波」と呼ばれるものに定位せねばならない。

1 第一波

クラークとチャーマーズは所在をめぐる問いから始める――「心はどこで終わり、残りの世界はどこから始まるのだろうか」(Clark & Chalmers 1998: 7)――心は「頭の中」にあるのだろうか、それとも世界へと伸び広がっているのだろうか。この問いを尋ねる別の仕方は、心がどこにあるかを問うのではなく、頭蓋骨という伝統的な境界あるいは身体さえも超えて広がると言いうる(または言いえない)存在としての心が何を意味するかを問うことである。この問いに答えて、クラークとチャーマーズは「能動的外在主義(active externalism)」の枠組みを提案する。この見方によると、認知を下支えする物理的メカニズム(または「乗り物(vehicle)」)は神経細胞の構築物だけではなく、環境内の道具や人工物といった神経外の要因を含んでいる。[2] クラークとチャーマーズは「能動的」外在主義と名づけることで、環境の資源を強調するだけでなく、認知主体の活動(またはカーシュとマグリオ[Kirsh & Maglio 1994]が「認識的行為」と呼んだもの)が重要な役割を果たすことを強調している。実際、彼らが最初の事例として挙げるのは、行為することによって、すなわち、環境内にある事物を操作する（カーシュとマグリオの場合であれば、テトリスをプレイする際にコンピュータ画面上のブロックを操作すること）によって認知課題を遂行する人物である。この事例は、等価原理（parity principle）として知られるようになった宣言へとつながっていく。テトリスをプレイしているとすると、プレイヤーはコンピュータ上の回転ボタンを使ってブロックを物理的に操作しつつ、ブロックがどこにはまるか理解する。この行為が、ブロックを物理的に回転させる神経インプラントを活動させること、あるいは、神経細胞を活動させてブロックの心的回転を行うことと、機能的に等価であるとされるのである。つまり、これらの活動または神経活動は同じ仕事をしているということである。特に、神経細胞を活動させることと、神経インプラントを活動させることには小さな差異しかない。加えて、「もしも〔神経インプラントを使った〕回転が認知的なものだとすると、一体何の権利があって〔回転ボタンを用いること〕が根本的に違っていると考えられるのだろうか」（Clark & Chalmers 1998: 7）。これが等価原理に直結するのである。

何らかの課題に向き合うとき、世界の一部がプロセスの一部として機能しており、そのプロセスが頭の中で処理されていれば、私たちは躊躇なくそれが認知過程の一部であると認めるだろう。そうであれば、該当する世界の一部は（私たちが思うに）認知過程の一部なのである。（Clark & Chalmers 1998: 8）

クラークとチャーマーズが強調しているのは次のことである。すなわち、脳は現実に特定種類の環境要因とのカップリングに依存するようになっているのにとどまらず、特定の道具や環境要因だけでなく多様な要因と体系的にカップリングできることが認知主体の能力であり、このことがきわめて重要だということである。

クラークとチャーマーズの試論は、認知過程をめぐる主張から信念のような心的状態をめぐる主張へと巧みに移行していく。この主張は二番目の事例で示されるが、この事例では、信念が部分的には環境要因によって構成されることが明らかにされる。こうして彼らの考えではより強い主張が正当化されることになる。すなわち、心それ自体が拡張しているという主張である。二番目の事例はオットーとインガの物語である。オットーは生物学的記憶に困難を抱えており、博物館の所在地を記入したノートを使っている。オットーは自らの性格傾向が記されたノートを参照することができるが、その成果は、インガの頭の中で神経基盤の処理によって生じた同じ信念と「同等」であるとされる(Clark 2010b: 86; Wheeler 2019 参照)。

このような強い等価性の主張への反論を予期して、クラークとチャーマーズは、外部の要因を認知システムの一部として含める場合には、「接着と信頼の基準(glue-and-trust criteria)」(Clark 2010b: 83)として知られるようになった三つのさらなる基準にそれらが合致せねばならないとしている。三つの基準とはすなわち、信用性(reliability)、信頼性(trustworthiness)、利用可能性(accessibility)である。

1　外部の資源は信頼して利用でき、たいていの場合に発動するものであること。

2　こうして取得された情報は多かれ少なかれ自動的に是認されるものであること。批判的検討の対象になるものであってはならない（例えば他人の意見のように）。明らかに生物学的記憶から取得された何かと同様に信頼に足るとみなしうるものでなくてはならない。

3　資源に含まれる情報は必要に応じていつでも利用可能であること。

（Clark 2008a: 79）

拡張した心仮説に対して最初に批判した者たちは、これらの基準には納得しなかった。主に三つの反論が持ち上がった。第一の反論は――これは容易に解答できるものだが――認知的膨張という反論である（Rupert 2004; Rowlands 2009）。拡張した心仮説は、あらゆる種類のテクノロジー（スマートフォン、インターネットなど）を心の一部として含めるもので、伝統的な認知の概念を大きく超えて認知を拡張する危険を冒している。私の iPhone の回路や Google の検索エンジンで生じているプロセスを、私の認知システムの一部と本当に呼びたいだろうか。この懸念に対するひとつの応答は、上述した三つの基準を単に繰り返すことである。信用性、信頼性、利用可能性の基準を受け入れると、私たちがこの方向性で進みうる地点にもそれなりに制約がかかる。だが、おそらくより良い応答は、能動的外在主義の能動性を強調することである。認知は、行為主体による操作、および、世界と正しくカップリングされた特定種類の行為――すなわち、出力が入力として再利用されるような循環的因果関係を含むようなカップリング――によって構成されるのである（Clark 2008a: 131）。認知が到達するのはこのカップリングが届く範囲であり、このカップリングが生じなければ認知が拡張するとは主張できないのである。これは、認知と呼びうるものに真の制約を課す。第6章でこの点について再度論じる。

第二の反論は、心的なものの印に関することである。アダムスとアイザワ（Adams & Aizawa 2001: 48）は古典的認知主義の観点から、認知的とみなしうるのは、内的で、非派生的な志向的（表象的）内容をともなうプロセスだけだと主張する。彼らの主張によると、内的な内容とは神経系から派生した内的で表象的なプロセスであり、そのようなものとしてまさに心的なものの印を帯びている。これと対照的に、外部要因を操作することは、脳の外部にあって内的な内容をまったく含まない。クラーク（Clark 2010b）は、内的な内容と内的でないその他の資源が混在することで認知状態が構成されると反論しているが、ここでの論点は内容をめぐるものではなく、内容を生成しまたは運搬するプロセス（または乗り物）だとも考えられる。問題は、そうしたプロセスが神経系のみに限定されるか、言語使用、ノートへの記録、認識的行為といったことを含みうるかどうかにある。この点についてクラークは、古典的認知主義と矛盾しないように構成しうる機能主義のやり方で解釈している。すなわち、ひとつの要素は、その機能もしくは可能なカップリングの種類に基づいて認知システムの一部となり、まさにそれにより「真に認知的なプロセスの本来の一部をなす候補」（Clark 2010b: 85）となるものである。(3)

> では、その部分がこの認知システムに帰属するのか、あの認知システムに帰属するのか、または（今のところ）どの認知システムにも帰属しないのか、という問いを解決するものは何だろうか。ある種のカップリングに訴えたり、ある場合には因果‐歴史性の鎖に頼ったりしなければ、これら続きの問いに答える動機を見出すのは難しい。（Clark 2010b: 85）

機能主義の見方では、内的に認知的な要素やプロセスは存在しない。それは神経過程についてもノートの使用についても同様である。認知的であるかどうかは、全体のシステムにおいて果たす役割の観点から決まることである。この意味でメナリー（Menary 2010b）は、拡張した心の立場から、内的な内容や表象的内容にこだわることが認知の概念を貧しいものにしてしまうと示唆している。

第三の反論は、因果的カップリング－構成（causal coupling-constitution, C-C）の誤謬に関するものである。この反論は、埋め込み認知と拡張性認知の主要な違いに焦点を当てる。アダムスとアイザワ（Adams & Aizawa 2001）によると、拡張した心仮説は、因果性（またはカップリング）と構成を混同している。彼らの見方では、オットーがノートを使用すること、あるいはオットーとノートのカップリングには、因果関係または有効化条件（＊認知を有効に機能させる条件）が含まれる。埋め込み認知の見方からすると、ノートは認知過程の操作的な一部になっているという意味で、ノートはオットーの認知を支えるか足場を与えているが、認知を構成することはできない。クラークとチャーマーズは、因果性と構成の違いを無視しているように見える。彼らの主張は、機能主義的因果性として始まる。「システム内のあらゆる構成要素は〔神経的なものであれ神経外のものであれ〕、能動的で因果的な役割を果たす」（Clark & Chalmers 1998: 12）。したがって、因果性の乗り物としての神経過程が認知を構成するのなら、それと等価の因果的役割を果たすような神経外過程も認知を構成することになる。何らかの仕方で、この種の自明でない因果性がまとめて構成として扱われている。アダムスとアイザワの反論はこれと対照的に、因果性と構成の厳密な区別に基づいている。この反論は、エナクティブ・アプローチの主張に対する反論としても同様に考慮することができるため、ここで論点を解消することは控え、第7章1節で再び因果的カップリング - 構成の誤謬を論じることにしよう。

2 第二波

拡張した心の考えを支持する多くの理論家たちも、友好的な批判をいくつか投げかけてきた。批判のいくつか、そして解決のいくつかについては——特に能動性、相補性、社会的拡張は——クラークとチャーマーズが予期していたものでもある。しかし、第二波の理論家の観点からすると、拡張した心仮説の本来のバージョンに付随する主な問題は等価原理をめぐるものだった。クラーク（Clark 2008a）とマイケル・ウィーラー（Wheeler 2012）は、信用性（reliability）、信頼性（trustworthiness）、利用可能性（accessibility）という三つの基準によって補完された等価原理を擁護する。彼らによると、等価原理は、内的過程と外的過程の類似性のような何かを要求すると解釈すべきではない。むしろ、機能主義の観点からこの原理を理解すべきであり、必要条件であるというより十分条件として理解すべきなのである。

それでも第二波の理論家は、内的過程こそ認知的なものの目安であるといった内密のデカルト的仮説のごとく等価原理を捉えてきた。ジョン・サットン（Sutton 2010）の議論によると、等価原理との関係を断つことは、内的過程と外的過程の間に機能的等価性が見られる場合があることを否定するものではなく、両者に重大な差異があるとすることである。この種の議論には多様なものがあり、認知課題を遂行する際に異質な資源が統合されていく分散認知に関するハッチンス（Hutchins 1995a, 1995b）の研究も含まれる。等価性に対してサットンが支持するのは相補性である。相補性に含まれる考え方は、「（持続的であれ一時的であれ）全体的なシステムに備わる異なる要素は、大きく異なる〔機能的な〕役割を果たすことができ、集合的および相補的にカップリングされて柔軟な思考と行為に貢献する間も、それらは異なる属性を有している」（Sutton 2010: 194）とするものである。認知主体が異なったり、特定の環境が異なったりすると、相補性の程度も変化することになる。個別の行為主体は、外部の道具や器具と記憶のような内的過程とを、異なった比率で対にして使用するだろう。その比率もまた、日によって、状況によって、人によって、あるいは環境内の多様な構造が変化するのに応じて変化するだろう。クラークとチャーマーズ（Clark & Chalmers 1998）にとってこの見方を支持するのは容易い。というのも、「外部構造を補完するような仕方で」（Clark & Chalmers 1998: 12）脳は発達しうるし、言語のような外的資源は「私たちの内部状態の鏡ではなく、内部状態を補完するものだ」（Clark & Chalmers 1998: 18）と彼らは以前から述べているからだ。第二波が再び焦点化するのはこれらの考え方である。サットン（Sutton 2010: 204）は分散認知の研究を引き合いに出しつつ、こう論じる。「首尾よく運ぶ実践に足場を与える人間以外のさまざまな人工物」（あるいはクラークが「異質なもの同士の組み合わせ」［Clark 1997: 77］（＊邦訳 p. 169）と呼ぶもの）が、「個別の参加者がしているのと同じことをしていなければならないとか、彼らの個別の脳に貯蔵されているのと同じ情報を貯蔵していなければならない」というわけではない。

リチャード・メナリー（Menary 2007; 2010b）は統合という第二波の主題を強調する。埋め込みや単なる足場とは対照的に、統合は、身体による環境の能動的な操作によって引き出される循環的で因果的な結合、すなわち一種の能動的カップリングを前提とする。身体的操作は、物理的または社会的環境の細部を形成し、またそれによって形成される感覚運動的過程をともなう。メナリーによると、この種の操作には、先に述べた認識的行為、オリガンとノエ（O'Regan & Noë 2001）が感覚運動随伴性の観点から記述する生物学的カップリング、課題を遂行する導きとなる言語・道具・用具の使用としての自己修正的行為、および認知的実践が含まれる。メナリーは認知的実践についてより詳しく論じている。これらは「数学に見られるように、特定の規範的実践に沿った外部の表象的および記号的システムの操作」（Menary 2010b: 237）を含むのである。数字、図表、描画、地図、早見表などは、私たちが認知課題を遂行するのを可能にする外部表象である。私たちはこれらの事物を、鉛筆、紙、コンピュータを使ったり、空間的配置を工夫したりしながら操作する。また、文化的に確立され学習された規範に従いつつ操作するのである。こうした実践は、身体の運動によって媒介され、脳の内的活動と統合される。このような見方をするなら、この種の統合は、認知を単純化する単なる委任や足場提供だけでなく、相互作用を通じて新たな方法で思考し行為することができるような認知過程の変容を含むのである。

　認知的実践のひとつの好例は書くことである。

　安定して持続的で外部化された執筆済みの文があることで、神経過程には実行できないような、テキストの操作、変容、並べ替え、比較、消去ができるようになる。これは、第二波の認知的統合様式での議論がもたらす結論である。外部の乗り物を身体的に操作することは、内部過程とは異なっているがそれを補完するのである。(Menary 2010b: 240)

埋め込まれた足場に関する主張とは対照的に、統合は行為主体から世界へ、あるいは脳から世界へという一方向的な関係ではない。むしろ、道具や人工物への関与を通じて、私たちの脳は進化論的そして発達論的な時間枠のもとで可塑的変化を経験するのである。世界から行為主体への関係については、物質的世界との関与がもたらす影響を強調するバージョンの拡張した心仮説によって取り込まれている。それは私たちの実践と、私たちの脳を変えるのである。時間をかけて環境の物理的側面と因果的に相互作用を行うことだけでなく、周囲の世界に備わる社会的および規範的側面と関わり合うような文化的実践もまた、統合されたメタ可塑性、すなわち、脳・実践・環境における一連の相関する変化をもたらす(Malafouris 2013)。この点において、「内部」および「外部」の属性は固定されていない(Kirchhoff 2012)。特に、書くことやコミュニケーションの場合、種々のメディアの発展がすでに示しているように、私たちが利用する素材が認知を可能にするだけでなく、認知の性質そのもの、共同行為やさらにはコミュニケーション実践の可能性までも変えてしまうのである。

コミュニケーション実践に関する論点は、社会的に拡張した心の考えにつながる。再度、クラークとチャーマーズは次のように示唆することでこの考えを予見していた――「私の心的状態も部分的には他の思考者の心的状態によって構成される……ある人の信念は、その人の秘書、会計士、あるいは協力者において具現化しているかもしれない」(Clark & Chalmers 1998: 17–18)。この点で、二人組、チーム、小集団など、カップリングが直接的、能動的、相互的にしばしば生じる場所を通じて、認知は拡張する。ただし、社会的に拡張した心の概念は、この考えをさらに発展させるものである。ここから示唆されるのは、この種の実践によって心的制度あるいは認知的制度と私が呼ぶものが確立されるということである（Gallagher 2013）。拡張した心は、手持ちノート、iPhone、電子メモ、時刻表、地図といったものの使用だけに関係するわけではない。認知を可能にする大規模な制度、例えば学術的制度、科学的制度、法的制度、文化的制度への関与やその利用にも関係するのである。実際、私たちがこれらの制度に関与することで、特殊な認知が遂行されている。法的制度は、規範的に定義される認知実践を含む一連の構造と実践を示す好例である。法体系のような制度は、私たちがそれに関与するとき（すなわち、正しい仕方でそれと相互作用する、またはそれとカップリングされるとき）、私たちの認知過程を拡張し、特定種類の問題を解決することを手助けしてくれる。例えば、適法な契約関係は、私たちの認知的実践をいくらか支え形づくる概念図式を具体化する。契約はそれ自体、特殊な認知的実践が生み出したものであるが、特定の目標を達成し、行動を強化し、問題を解決するための道具としても利用される。契約はこのように作動するが、それはより広く複雑な法的制度の文脈に契約が置かれている場合のみである。したがって、諸制度と、私たちがそれを利用する場合の正確な方法は、社会的な取り決めや許容しうる行動についての考え方を制約するだけでなく、制度がなければ不可能な仕方で思考することを可能にするのである。

社会的に拡張した心のいくつかの事例では、「接着と信頼の基準」が重要になるかもしれないが、この基準がつねに真であるわけでも、必然的に真であるわけでもない。例えば法体系の場合、信頼して利用できるとは限らないし、容易に利用可能であるとも限らない（これは程度問題かもしれないし、社会的地位、滞在資格、人種差別といった事案を含む論点にも依存するかもしれない）。にもかかわらず、私たちが法体系に関与するとき、法体系が私たちの意思決定や判断を支え、安定性を増してくれることがある。同様に、法的手続きに含まれる固有の批判的吟味は、一種の正当化された不信である。それ自体が反省的な認知過程を含むものであり、その過程全体を拡張した認知の事例から除外すべきではない。

3　第三波

波というものはいつも明瞭な形を持つとは限らないため、その数を数えるのも時に難しい。最後の波が今形になりつつある場合には、特にこのことが当てはまる。それゆえ、第二波がどこで終わり、どこから第三波が始まるのかということについて、異なる見解がある。例えばミハエル・キルヒホフ（Kirchhoff 2012）は、第三波が内部と外部の関係のダイナミカルなメタ可塑性を強調するもので、社会的に拡張した心（認知的制度の概念）をその好例として挙げているが、私はこれを第二波の一部として言及した。メイソン・キャッシュ（Cash 2013）も比較的近い見方をしており、第三波を社会的に拡張した心に基づくものとしている。フリッツマンとソーンバーグ（Fritzman & Thornburg 2016）は社会的に拡張した心を第四波に位置づけている。これらの話題の扱い方は現時点ではやや恣意的になるだろう。本書の目的に合わせて私が示唆しておきたいのは、第三波は、第一波と第二波ほど連続していないということである。第三波は、予測的処理（predictive processing, PP）に関する新しい複雑な考察をいくらか取り入れ、拡張性認知がエナクティブ・アプローチとどう関係するかに言及している。この点で、第三波は、第四のEであるエナクティブ認知（第6章で取り上げる）を私たちに指し示す。ただしここでの考察を終えるため、古典的認知主義と身体性認知の差異を（場合によっては連続性を）反映する、認知の予測的処理の理論内部での論争について考えておく必要がある。

拡張した心の最初の二波につきまとうひとつの悩みは、ニューロン、ノート、時刻表、iPhone、法的制度など、これほど異質な要因の集合体を研究せねばならないとすれば、認知科学の研究とは何を意味するのかという懸念である。このような認知要因の集合体は、「いかなる意義ある科学的理論化の基礎を形成することもなさそうな、きわめて雑多な集合体を作っているように見えるだろう」（Adams & Aizawa 2001: 63）。このような挑戦を受けて、拡張した心の提案者の間でより統一された科学的アプローチを見出そうとする欲求が高まっている。認知科学がこれらすべての異質な要因をひとつの説明モデルの中に統合できるような、何らかの方法はあるだろうか。この点がまさに、予測的処理のアプローチが約束しているものに見えるし、クラーク（Clark 2016）のその後の仕事や、予測的処理と拡張した心を結ぶ彼のプロジェクトが示しているものでもある。

より直接の課題としては、一般的な身体性認知の枠組みの中に予測的処理を位置づけられるかどうか、私たちは考察する必要があるだろう。

拡張した心と予測的処理の接続はクラークの近年の仕事、特に彼の著作『不確実性を乗りこなす（*Surfing Uncertainty*）』（Clark 2016）に一貫して流れている。とはいえ、彼の考える予測的処理は、例えばヤコブ・ホーヴィ（Hohwy 2013）に見られるような内部主義的、神経中心主義的なバージョンとは対照的である。つまりここでの問いは、十全に身体化され、拡張したバージョンの予測的処理が可能かどうか、ということにある。

予測的処理は、脳がそのあらゆる機能的側面においてどう働くかを説明する神経科学のアプローチとして推し進められてきた。ヘルムホルツ（Helmholtz 1962/1867）まで遡る長い伝統のうえにあるもので、知覚を推論プロセスとして理解する。予測的処理はこのプロセスを予測誤差最小化（prediction error minimization, PEM）としてモデル化するのだが、その際、脳は外界へのアクセスを欠いているとの前提から出発する。

〔脳は〕自らに影響するシグナルになりそうな原因に関する情報を発見せねばならないが、その起源にはいかなる形でも直接にアクセスすることはない……直接的な意味で脳が「知っている」ことのすべては、自己自身の状態（例えばスパイク信号の伝播）の流れと変化である。このような（限定的な）意味で、全システムは自らの状態に直接接近することができる。世界それ自体のほうは立入禁止なのである。（Clark 2013: 183）

神経過程は知覚的推論を用いて、世界について階層的に配列された一連の確率的仮説を形成することで世界を表象する。この仮説は、事前知識（プライア）によって情報を受けつつ脳が構築する、内部のベイズ的（統計的）生成モデル（＊事後的に更新される主観確率のモデル）に基づくものである。予測構造は、入れ子階層状で、精度の重みがついた脳内の予測過程を含むため、きわめて複雑になりうる。脳の課題は、「神経活動のパターン」を受け取り、「この基礎だけに基づいて刺激の性質を推論する」ことである（Clark 2016）。特殊な感覚入力を受け取ると、脳はそれを、自らの仮説を裏づけるまたは棄却する証拠として扱う。予測と感覚入力の間に重大な不一致がある場合、脳は自らのモデルを修正し、予測誤差を最小化するために推論を適正化する。

予測的処理によると、人間の脳は、感覚入力のもとになる世界側の資源について豊かで統合されたモデルを指令するのであり、現在の入力が持つありうる形や特徴について即座に予測を生成する長期的モデルを用いている。豊かで統合された（生成的な）モデルは、高度に分散された形態をしており、複雑かつ文脈可変的な仕方で情報伝達する多数の脳領野に広がっている（Clark 2018: 522）。

脳がひとたび感覚入力に近似する予測や一致する予測を生成すると、脳は世界を十分に把握する。物事が変化して新たな予測誤差が生じると、この把握はその場で挑戦を受けることになる。しかし、システムは「能動的推論」と呼ばれる別の戦略を取ることもできる。知覚的推論とは対照的に、能動的推論は現在のモデルを維持しつつ環境に変化を与える行為に関与し、感覚入力を変えることで予測誤差を減少させるのである。

この〔予測的処理の〕ストーリーで機能するような〔能動的〕「推論」は、豊かな再構築的内容を担う内部状態を提供することを強いられるわけではない。外部世界の完全な豊かさを代替できる内部領域を構築するためにあるのではない。そうではなくて、推論が提供しているのは効率的で安価な戦略である。この戦略の展開と成功は、各種の行為と介入によって切り取られた外部領域それ自体の構造と持続的貢献とに、微妙かつ継続的な仕方で左右される。(Clark 2016: 191)

予測的処理のストーリーにはつけ加えるべき技術的な詳細がある。例えば、システムによる予測はベイズ確率に基づいていること。階層的処理を行う諸層からできており、各層はその下位レベルの活動を予測しようとすること。予測に関して異なる精度を重みづけする(すなわち予測にどの程度の生起可能性があるか)再帰的な信頼性関数が存在すること。

予測誤差最小化に基づく認知の説明は、典型的な狭い内部主義の観点で枠づけられている。内部主義では、(マルコフ・ブランケットと呼ばれる形式主義によって数学的観点から定義される。Friston 2013を参照)脳と世界の間にある厳格な境界を反映して、あらゆる重要な行為は脳内過程のうちに見出される。ホーヴィ(Hohwy 2013)が示しているのは、脳は外部環境に直接アクセスできるわけではなく、この種の説明によって、脳がしていることの厳密な内部主義的解明が可能だということである。この説明は感覚入力のみを扱うか、あるいは感覚入力を変化させる能動的推論を採用する。ホーヴィにとっては予測誤差最小化が枢要であり、能動的推論は、真に仕事をする中枢での処理に奉仕している。この限りで、身体的、生態学的、環境的要因は認知を説明するうえで無関係に見えるのである。

予測誤差最小化は、心が何らかの根本的な仕方で世界に対して開けているまたは浸透しているという〔心と世界の〕関係、あるいは、心が何らかの強い意味で身体化され、拡張し、エナクティブであるという〔心と世界の〕関係の概念を退けるだろう。その代わり、予測誤差最小化が明らかにするのは、心は推論によって世界から引き離されていることである。心は、身体化されたり拡張したりしているのではなく、神経中心的に頭蓋骨に区切られている。行為それ自体は、環境とエナクティブにカップリングされているのではなく、感覚入力に関するより推論的なプロセスである。(Hohwy 2016: 259)

このような説明では、身体が果たす役割は次のプロセスにおいてせいぜい感覚情報の資源となることぐらいである。すなわち、脳が世界をモデル化する推論プロセスにおいて、脳から下降する予測が感覚末梢から上昇する予測誤差と比較されるプロセスである。

しかしながらクラークは、身体性認知について、また拡張性認知、さらにはエナクティブ認知についてさえも、より楽観的な見方を提示している。「予測的処理が提供しているのは、私が思うに、身体化された心についての近年の仕事にとって完璧な神経計算論的パートナーなのである」(Clark 2016: 1)。実際にクラークは、ホーヴィとは対照的な仕方で能動的推論を強調する。すなわち、予測誤差を減少させるために環境を操作する能動的で身体化された関与である。「予測的な脳という見方が正しいとするならば、それは断絶した推論エンジンであるというより、行為指向の相互作用機械なのである」(Clark 2016: 1)。

能動的推論に関して重要なのは次の点である。すなわち、能動的推論は、脳が環境を試す、または環境の見本を取り出すために使う道具にはとどまらないということである。しかしながら、能動的推論はしばしばそのような仕方で描写される。それは、「私たちの仮説を試し、行為それ自体を制御するうえでより良い情報を生み出すべくデザインされた仕方で、世界の見本を取り出す」(Clark 2016: 7, 290) プロセスである。これはホーヴィの解釈とも一致する (Hohwy 2013: 79 ＊邦訳 p. 121)。だが、クラークにとっての能動的推論は、行為主体が世界を実現する絶え間ない運動、すなわち行為主体の社会的・物理的環境の構造を修正する類の行為を含むと考えるべきである。それゆえ、「私たちの神経の効率的な使用は身体化された行為の必要性に奉仕する」(Clark 2016: 269) のであって、その逆ではない。

何世代にも亘って何度も繰り返されるこの種の世界の構造化によって、私たちのような存在が構想する世界をよりうまく構築できるようになる。衝突エネルギーによって複雑になりつづける行動形態が導かれ、以前は「立入禁止」だった領域に踏み込む思考と推論が可能になるのである。(Clark 2016: 7)

特に、クラーク (Clark 2016: 275ff) も示唆している通り、私たちはより認知フレンドリーな環境をデザインすることで予測誤差を最小化することができる。予測的処理は能動的推論を強調することで、拡張した心の第二波において探求されてきた脳－身体－環境の相補的側面の「統合」(Clark 2016: 9) を認めることになる。

クラークの記述では、この統合のプロセスは「私たちの知覚がつねに私たちの行為によって条件づけられる」ような「円環」である。トップダウンの予測は、「新たな高次予測を呼び込む感覚流を〔さらに、予期の円環を通じて感覚刺激と行為を〕形づくるのを助ける」(Clark 2016: 176) ような行為を引き込む。この円環のポイントは、経験主体にとって行為の準備ができることにある。チセクとカラスカ (Cisek & Kalaska 2010) のアフォーダンス競合に関する研究を引用しながら、クラークはこう述べている。「随伴する神経表象は、「感覚的環境または運動的計画の正確な記述を生み出すのではない。それとは対照的に、〔一連の可能的行為の〕十分な制御を生み出すのに適応的である限りで「実践的」なのである」」(Clark 2016: 180)。プロセスはアフォーダンスに基づき行為を指向する。このような考え、すなわち世界の知覚が「私たち自身の「行為のレパートリー」によって条件づけられており、私たちの欲求、企図、行為の機会と相互作用している」という考えは、エナクティブな見方にきわめて近い。

第三波の代替的な定式にはエナクティブ・アプローチと拡張性アプローチの統合が含まれ、その分析をよりダイナミカルな方向へと推し進めている (Dale, Dietrich, & Chemero 2009; Menary 2010b; Kirchhoff 2012 を参照)。拡張した見方もエナクティブな見方も同意するのは、頭の中の神経中心的な過程だけの結果として認知が構成されていないということである。ただし両者が同意しないのは、拡張した心仮説の提案者が典型的に擁護する二つの点である。すなわち、表象の役割〔行為指向表象も含めて〔第6章2節参照〕〕と、物理的身体の特性に備わる重要性を機能主義的に軽視することである。したがって、心の見方についていくつかの共通点があるものの、双方に抵抗がある。エナクティブ・アプローチは、拡張性アプローチがそれを受容するのとは違って、機能主義的な解決や表象主義的な解決を拒否するからである。この同じ論点は、表象主義の古典的認知主義とエナクティブ認知の安易な接続をはばむものでもある。第7章2節で、この挑戦について取り上げる。

クラークにとって予測的処理は、拡張した心を基礎づける「中間レベル」の機能主義（神経レベルと行動レベルの間にある計算論的な処理のレベル）と整合的である（Clark 2016: 2）。彼の説明によると、選択肢（a）「予測とモデルを見直し、脳の感覚入力における予測誤差を減少させるために予測とモデルを見直すこと」と選択肢（b）「環境を操作する行為をして同じ企図を遂行すること」の間に、依然として一定の等価性を見出すことができる。「特定の外部資源に関与しそれを利用する」行為は、「神経資源それ自体の内的な集合体とまったく同じ仕方」で選択される（Clark 2016: 260）。したがって、「結論となるのは、力学的な自己組織的システムである。このシステムでは、課題の求めに応じて、また、変化しつつある内的（内受容的に感じられる）および外的な文脈の詳細に沿って、内部（および外部）の情報の流れがつねに調整される」（Clark 2016: 3）。

ホーヴィの考える予測的処理が古典的認知主義のあらゆる特徴――計算論的推論、心的表象、身体に対していかなる本質的役割も認めない脱身体的で神経中心的な機能主義――を反映するものだとすると、クラークはこれらの考えを論じ直す。それゆえ、クラークは一方で、機能主義の観点を反映して、解剖学的決定論や身体性意味論と結びつく要因を深く「特別である」とするよりも「自明でつまらない」と考える（Clark 2008b: 38）。他方で、拡張した認知のメカニズムの一部として身体が重要な役割を果たしているとの考え方を擁護するのである。彼はこう述べている。「脳、身体、感覚器の運動、そして（ある条件下では）非生物学的な道具や補助が情報を担う状態を組み入れたより大きなシステム的全体が、心的状態と心的過程にとって機械論的な付随性の基盤を時として構成するのだろう」(Clark 2008b: 38)。

拡張した認知は挑戦問題にどのように答えるのだろうか。さまざまな理論的な波を区別せずに、いくぶん一般的な応答を定式化しておこう。

①どのような身体性の概念を操作的に用いているか？
→拡張性認知は埋め込み認知と同様に、知覚し行為する身体がどのように環境とカップリングするかを強調する。ただし、拡張性認知は埋め込み認知とは違って、身体-環境、および私たちが関与する種々の人工物・道具・技術用具が構成的な役割を果たすと主張する。

②どの領域の認知、あるいはどのような認知課題が身体化されるのか？　また、各課題はどの程度の身体性を含むのか？
→記憶、信念、問題解決、コミュニケーション実践、認識的行為は、一般的に言って物理的および社会的環境との身体的相互作用に依存するだろう。

③どのような経験的証拠によって、身体性に関する特定の主張が支持されるのか？
→実験心理学、生態学的心理学、ロボティクス、神経科学、認知考古学における研究は、拡張性認知のさまざまな主張を支持する。

④提示された主張は、古典的認知主義から実質的にどのように離反するのか？
→拡張性認知は、古典的認知主義が通常は考慮しない身体－環境の相互作用の役割を強調するが、古典的認知主義からそう遠くない機能主義と表象の概念を保持している。
⑤心的表象または神経表象は、認知においてどのような役割を果たすのか？
→第6章2節でより詳しく見るように、拡張性認知は行為指向表象を支持している。行為指向表象は、環境を航行し、環境と交渉するうえで用いられる。この表象は、重たく意味論的に内容の負荷がかかった表象で高次認知に必要とされるようなものであるよりは、行為特定的で文脈依存的なもの、あるいはクラークとトリビオ（Clark & Toribio 1994）が「表象ハングリー」（＊表象が強く必要とされるような）なプロセスと呼ぶものである。

以上の論点のうちいくつかは次章でも取り上げる。さしあたり、表1に示したものがここまで取り上げた身体性認知についてのさまざまな解釈の概略となっている。

注
（2）内容と乗り物の区別については、デネット（Dennett 1969: 56）およびミリカン（Millikan 1991）を参照。ハーレイ（Hurley 2010）は、種々の外在主義を区別し、拡張した心を乗り物外在主義または「方法（how）」外在主義としている。
（3）機能主義と拡張した心の関係についてのより詳しい議論は、Sprevak（2009）、Miyazono（2017）、およびWadham（2016）を参照。

表1　挑戦問題への解答

解釈	弱い身体性認知	身体性意味論	強い身体性認知	埋め込み認知	拡張性認知
認知の領域	知覚，高次認知，社会的認知	高次認知	知覚，行為	知覚，学習，記憶，問題解決	知覚／行為，高次認知
経験的証拠	神経科学（ミラーニューロン，脳損傷），行動研究	言語学，心理学，神経科学，文化人類学	生物学，実験心理学	実験心理学，生態学的心理学，進化科学，エスノグラフィ	実験心理学，生態学的心理学，ロボティクス，神経科学，認知考古学
古典的認知主義との整合性	あり	部分的にあり	研究者によって分かれる	部分的にあり	あり
表象	あり，強く表象的，Bフォーマットに特別な役割	なし	研究者によって分かれる	研究者によって分かれる	「表象ハングリー」な過程ではあり，知覚／行為においては行為指向表象

第 6 章

第四のE
エナクティブ認知

身体性認知についてのエナクティブな見方は、知覚が行為のためにあるという考え方、また行為への指向が大半の認知過程を形成するという考え方を強調する。このアプローチは、認知科学の研究法についての含意と合わせ、心と脳の考え方について根本的な変更を要求する。エナクティブ・アプローチを『身体化された心』で初めて定義したヴァレラ、トンプソン、ロッシュ（Varela, Thompson, & Rosch 1991）は、現象学哲学、理論生物学、行動に基礎を置くロボティクス（Brooks 1991）、さらには仏教哲学と心理学によって触発され、示唆を受けていた。エナクティブ・アプローチが現象学から借用するのは、人が事物を知覚するのはその事物を使って自分ができることの観点からである、というフッサールの実践的な考え方である。この知覚は反省的で知的な黙想または観察ではなく、前反省的で行為指向の作動志向性としての世界の一次経験を形成する（Merleau-Ponty 2012）。こうした考えが、ギブソンのアフォーダンス概念（4節を参照）へとつながり、ヒューバート・ドレイファスによる人工知能批判にもつながる。[4] しかも、『身体化された心』では、現象学と仏教実践が一人称経験についての方法論的な洞察を提供するとされていた。エナクティブ認知科学においては、これが三人称の科学的データと統合され、フランシスコ・ヴァレラ（Varela 1996）が神経現象学と名づけたものになる。

ヴァレラは一九七〇年代にウンベルト・マトゥラーナとともに生物学理論としてのオートポイエーシスを定式化しているが、これはエナクティブ・アプローチを強力に形づくるものだった。オートポイエーシスは、生命システムが自己産出のプロセスを通じて自己自身を自律的に組織化し維持する様子を説明する。マトゥラーナとヴァレラ（Maturana & Varela 1980/1972: 78）は、次のようなパターンのプロセスをともなうものとしてオートポイエーシスを記述している。

（i）相互作用と変容を通じて、自らを生み出したプロセスのネットワークを継続的に刷新しつつ実現する。かつ、

（ii）〔生命システムを〕空間内の具体的な統一物として構成する。この空間では、それら（構成要素）は、その種のネットワークとして自らを実現するトポロジカルな領域を特定することで存在する。

換言すると、有機体はその構成要素を生み出し、構成要素は自らを生じさせる組織的構造を継続して維持するのであり、このプロセスを通じて自己限定的な同一性が定義されるのである。ヴァレラはこれを操作的閉包（operational closure）と呼ぶ。[5] 操作的閉包とは、システムが「自らの構成要素を産出す

るシステムとして、自らの操作を通じて自己自身の組織を特定し生成する」(Maturana & Varela 1980/1972: 79) ことを意味する。ただし、これは有機体が環境に対して因果的に閉じていることを意味するわけではない。むしろ、有機体は環境と構造的にカップリングされており、環境からエネルギーを引き出し、変化しつつある状況に適応するのである (Di Paolo 2005)。有機体が完全な平衡に至ることは決してない。適応性とは、安定して力動的な生存可能性を維持するうえで、有機体が自己自身を調節する不安定なプロセスを含む。このように環境と差動しつつ関与することは、基本的認知の形態と考えられる。すなわち、環境の差異を登録することができるような、意味形成の一形態である。そのため、オートポイエーシス的エナクティビズムは、生命と心の強い連続性を主張する。生命の有機体的特徴は心の有機体的特徴と同一である。この意味で、心は生命の特殊な一形態である (Thompson 2007)。

したがって、基本的認知は、有機体の環境への反応、あるいは環境との適応的なカップリングの仕方として定義される。この場合の認知は、完全に身体化されており、有機体の生存に影響する環境内の構造と属性を特定することに巻き込まれている特殊な身体に依存する。人間の身体の場合は複雑に進化した脳と神経系を備えているため、認知も人間以外の動物の認知とは異なったものになる。有機体は「自らの感覚運動的な観点から環境に出会い」(Thompson 2005: 418)、有意味とみなすものを産出する。この意味で、有機体は自らの世界を制定 (enact) する。有機体は自らの有機的形態に即して自らの環世界または生活世界を特定するのである。

手短に言うと、エナクティヴ・アプローチは二つの点から成っている。①知覚は、知覚的に誘導される行為によって構成される。②認知構造は、知覚的に誘導される行為を可能にする循環的な感覚運動のパターンから創発する。(Varela et al. 1991: 173 ＊邦訳 p. 246)

トンプソンとヴァレラ(Thompson, & Varela 2001)は、クラーク(Clark 1999)に基づいてエナクティブな見方の要約に三つの点を加えている。

③脳、身体、世界の複雑な相互作用を理解するには、非線形複雑系ダイナミカルシステム理論の道具立てと方法が必要である。
④伝統的な表象と計算の概念は不適切である。
⑤認知システムを内部の機能的下位システムやモジュールに分解する伝統(「ボックス論」)は誤解を招きやすく、脳 - 身体 - 世界の分断を結ぶダイナミカルシステムへとうまく改変できることに私たちは気づかなくなってしまう。(Thompson & Varela 2001: 418。また、Chemero 2009: 29 も参照)

エナクティビズムにとって認知過程とは、表象の地図や内部モデルによって知覚主体や行為主体から独立した世界を複製することではない。むしろ、アフォーダンスに連携する関与によって認知は特徴づけられるものである。古典的認知科学は方法論的個人主義および内部メカニズムへの焦点化によってしばしば特徴づけられるが、これとは対照的に、エナクティビズムは人間の認知システムが持つ関係的で社会的に状況づけられた性質を強調するのである。エナクティブ・アプローチはまた、高次で複雑な認知機能を感覚運動協調に基礎づけるだけでなく、全身の情動的で自律的な側面にも基礎づける。反省的思考や熟慮のような高次の認知機能は熟達した方法知（know-how）の実践であり、通常は状況的で身体化された行為とカップリングされている。

以下では、これらの原理をひとつずつ論じ、エナクティブな見方が身体性、埋め込み、拡張性のアプローチの諸側面の多くを統合することを示す。その一方で、これらのアプローチのどれかを古典的認知主義に過度に近づけるような主張は退ける。

1　ダイナミカルな統合

エナクティブ・アプローチは拡張性認知の考え方と同様に、認知が「頭の中」だけにあるのではなく、脳・身体・世界（世界には物理的、社会的な環境がともに含まれる）の統合されたシステムに分散していると論じる。しかし、クラークの機能主義的な見方とは対照的に、エナクティビズムの理論家は還元も置換もできない仕方で意識と認知が（人間の）身体的過程によって構成されると主張するのである。エナクティブな説明は身体的能力を強調する。この能力は、抽象的計算または情報処理に関与するよりも、強い身体性認知（第3章3節）が強調する多くのプロセスを含む（Hutto 2005）。エナクティブな見方では特に、有機体と環境の感覚運動的カップリング過程がそうであるように、有機体的かつ情動的な調節を含む身体的生の生物学的側面が認知に広汎な影響を与えると捉えている（Colombetti

2014; Thompson 2007)。

典型的には、オートポイエーシス的エナクティビズム、感覚運動的エナクティビズム、急進的エナクティビズムに区別されるが、エナクティブ理論における強調点の違いによってエナクティビズムの各バージョンが動機づけられてきた（例えばWard, Silverman, & Villalobos 2017)。実際、身体性認知で全般的に見られるように、あるいは哲学の示唆を受けたその他の研究プログラムで見られるように、エナクティブ・アプローチ内部でも至るところで不一致を見つけることができる。上記のような区別を明瞭につけることができるものの、エナクティブ・アプローチの風景は私にはより複雑なものに見える。それぞれが発展、拡張、度合いの異なる統合の印を備えており、これらすべてが新しい研究プログラムにともなう成長の痛みを示しているようである。私の考えでは、差異と不一致の多くは、異なる論点の集合に――存在論的な論点であったり、方法論的な論点であったり、はたまた現象学的な論点であったり――言及していることから帰結するものである。以下の各節は主要な差異について論じているが、これらを体系化しようとするものではない。

アルヴァ・ノエのような感覚運動的エナクティビスト（Noë 2004; Hurley 1998; O'Regan & Noë 2001）について考えてみよう。彼はメルロ＝ポンティ（Merleau-Ponty 2012）やギブソン（Gibson 1979）など、ヴァレラらと同じ資料を引き合いに出しつつ、エナクティブな知覚について詳細な説明を発展させた。それは、古典的認知主義が神経計算論と心的表象に帰属させた仕事のいくつかを感覚運動随伴性と環境のアフォーダンスによって取り替えるものだった。知覚についての感覚運動的エナクティビズムの説明では、内的表象の代わりに、身体－環境の相互作用のパターンと能動的運動による関与が重視される。知覚は感覚運動的能力を実践することで構成されるのであり、この点において一種のスキルフルな行為である。例えばハフェッドとクラウズリス（Hafed & Krauzlis 2006）の研究によると、眼球運動によって感覚入力は明瞭化されており、それによって知覚主体が網膜信号の曖昧さを解消できていることが示されている。どのような身体運動が起こったとしても感覚運動のパターンは法則的な仕方で変化するため、行為主体がそうした随伴性を把握することは、知覚を構成するものの本質的な一部をなしているのである。それゆえこの見方によると、知覚主体が知覚するものは感覚過程と運動過程のパターンを取り結ぶ関係の機能であり、知覚者が環境に同調できるかどうかは、こうした感覚運動の依存性に暗黙に同調できるかどうかに依存していることになる。

感覚運動随伴性の一般的な例を考えてみる。私が頭を回転させると、私の前にある対象が視野の中での位置を変える。ガンゴパダイとキヴァーシュタイン（Gangopadhyay & Kiverstein 2009）が記しているように、このような能動的知覚の過程は、感覚過程と運動過程が循環的関係にあるダイナミカルなフィードバック――知覚主体を環境とカップリングする知覚-行為-知覚のダイナミックな循環――に依拠している。知覚主体はこの種の体系的な随伴性に暗黙のうちに同調しているのである。随伴性に同調することとの意味は単純である。私は知覚者として、随伴性が生じると予期するということ、私は随伴性を「追跡」するということである（Hurley 1998: 140）。そうした感覚的結果を追跡する行為者システムの能力によって、自発的運動と非自発的運動を区別することが可能になる――これは自己と非自己を区別する能力でもあり、パースペクティブ的な自己意識を形成するものの一部である。この意味でパースペクティブを保持することは、主体性と結びついているのである。

個人的レベルでは、パースペクティブを保持することは次のことを意味する。すなわち、あなたが経験し知覚することはあなたのする行為に体系的に依拠するということ、またその逆であることを意味する。加えて、概念的な意味ではないにせよ、パースペクティブを保持することは、知覚と行為の相互依存を追跡すること、それゆえあなた自身の行為者性に気づくことをともなうのである。(Hurley 1998: 86)

追跡するプロセスは必ずしも意識されるわけではないが、意識することもできる。また、アルヴァ・ノエ(Noë 2004)が示している通り、追跡するプロセスには概念的な知識がともなうことさえある。それは単に私が見るものと私の感覚だけでなく、私が経験する世界についての知識なのである。このことが示唆するのは、知覚、行為、および概念-推論的スキルがダイナミカルに統合されているということである。[6] この種の統合は、例えば、きわめて基本的で非意識的な視覚-運動的なサッケード(*対象を見る際に生じている急速な眼球運動)が意識できる意図によって決定されている様子に見出すことができる。マーク・ローランズ(Rowlands 2006)は、サッケード眼球運動に関するアルフレッド・ヤーブス(Yarbus 1967)の実験を引用している。ヤーブスは、被験者が見ている絵画について複数の異なった質問に答えるよう求めた。例えば、絵画に描かれた人々の年齢を判断する、訪問者が到着する前に人々がしていたことを推理する、絵画の中で人々が着ている衣服を記憶する、といった質問である。各課題はそれぞれ異なる視覚サッケードの読み取りパターンを示した。これと同様に、ガンゴパダイとキヴァーシュタイン（Gangopadhyay & Kiverstein 2009: 71）は、「場面の属性によってではなく、行為者が遂行している課題によって行為者の視線の向きが決まる」ことを示す数多くの経験的研究を引用している。

視覚的に制御された運動反応になっている点で、サッケードはひとつの行為システムである。ただしそれだけではなく、サッケードの作動は視覚標本の入力を制御している。サッケードが視覚に含まれることで両者は持続的で循環するループを形成し、視覚と認知が緊密な仕方で統合されるのである。（Findlay & Gilchrist 2003: 7）

換言すると、これほど基本的な眼球運動であっても知覚主体が環境とダイナミカルにカップリングするひとつの方法になっており、このカップリングが知覚主体の課題や意図によって形づくられるということなのである。

感覚運動随伴性だけでなく、エナクティブ理論家たちは情動性（affectivity）の役割を強調する。ジョヴァンナ・コロンベッティの仕事はオートポイエーシス的エナクティビズムに強く影響を受けているが、彼女は、一般に把握できる情動性と認知の内在的な結びつきを主張する。彼女によると、例えば、情動（emotion）とはダイナミカルなパターン、すなわち「有機体の自己組織的なパターンであり、ダイナミカルシステム理論（ＤＳＴ）の概念的な道具立てによって最良の記述を与えることができる」ものであり、脳、身体、世界の「複数的で同時的な相互作用」をともなうものである（Colombetti 2014:

53)。情動のパターンは「文脈依存的で、変わりやすく、「緩やかな組み立て」になっているが文脈を超えて安定性を示すものでもある」(Colombetti 2014: 57)。広く捉えると、情動性には、代謝と恒常性(あるいは動的恒常性)の過程に結合したオートポイエーシス的過程が含まれる(Colombetti 2014: xv)。

感覚運動随伴性の提案者たちは、情動性が重要であるとつねに考察しているわけではない(この点の批判についてはBower & Gallagher 2013を参照)。情動的過程は感覚運動的過程には還元できないが、明らかに感覚運動的過程とダイナミカルに統合されている。例えば、抑うつによって運動制御過程が緩慢になることがある(Caligiuri & Ellwanger 2000)。しかし、デフナーとオリガン(Degenaar & O'Regan 2017)は、環境に対する感覚運動反応がすでに情動的要因を含むと示唆している。彼らによると、この点を説明するのに感覚運動的過程それ自体の他に目を向ける必要はない。しかしながら、次のことが明確ではない。情動パターンは部分的には感覚運動的過程や行為傾向を含んでいるとしても、情動にともなうその他の非感覚運動的側面、例えば、自律神経的な側面や評価的な側面は知覚に対して影響を与えない。最も広い意味での情動性にはエネルギー水準・疲労・空腹・痛み・情動(emotion)・気分といった要因が含まれるし、これらは感覚運動的能力に影響を与えるものである(例としては、第3章1節と3節で取り上げたプロフィットの実験がこれを示している通りである)。私は自分の目の前にある対象を、手の届く何かやつかめる何かとして知覚する。ただし、私がそうするだけの興味があるか、関心があるか、エネルギーがあるかどうかは情動性によって決まる。こうした情動的要因によって、私の行為を形成する感覚運動的過程が変化することは、例えばそれが緩慢になるように起こりうるのである。痛みや恐怖は、私の通常の感覚運動的能力を失わせうる。情動的要因と感覚運動的要因が身体的過程における緊密かつダイナミカルに統合された構成要素であるとの考えは、フォーゲルとテーレン（Fogel & Thelen 1987）によっても示されている。彼らの分析によると、情動のパターンは、各種の身体的プロセスと環境的プロセスが異なる時間幅において相互に影響することから生じてくる。ここには、互いに影響を与えうる神経・呼吸・筋肉のダイナミクスが含まれる。

2　表象なしで行う

認知科学において表象は、最も一般的には他のものの代理をする何かとして考えられてきた。すなわち、表象は計算過程に内在する代理物であり、計算過程が特定の対象や事象に関するものでありうるのはなぜかを説明するのである。標準的または伝統的な考え方によると、心的表象や神経表象には特殊な属性がある。例えば、表象は自ら以外の何かに言及する内容を備えているとか、表象は特定の文脈から切り離されているため不在の何かを代理することができるとか、表象には充足条件（真理条件）があるとか、表象は他の表象と相互作用ができるとか。身体性認知のアプローチはその内部に違いはあるものの、伝統的なバージョンの表象主義に反対する点ではひとつであるとしばしば考えられている。だが、ここまでの各章で見てきた通り、これは明らかに間違いである。実際、身体性認知の陣営内部における不一致は、まずもってこれらの論点をめぐる不一致なのである。おそらく、身体性認知をめぐる論争がもたらしたひとつの重要な成果は、それが計算主義と表象主義をめぐる論点を正面と中央から突き動かし、身体性を軽視するアプローチを取る人々の心の中さえ動かしたことにある。

表象の概念については大量の研究がなされてきたし（例えば、Ramsey 2007; Smortchkova, Dolega, & Schlicht 2020）、心の分析哲学において表象が意味するところについても、慎重かついくぶん防御的な説明がなされてきた（例えばBurge 2010; Crane 2008）。ただし、この概念をめぐる風景の四方八方に約束手形が散らかっている。特に身体性認知については、知覚と行為の分析から、「表象ハングリー」な課題（Clark & Toribio 1994）と考えられる高次認知の遂行まで、ダイナミックシステム・アプローチを「スケールアップ」することが重要になるとアントニー・チェメロ（Chemero 2009）が明言している。「ラディカル身体性認知科学が最小の認知的行動を超えてどこまで拡大できるのかは、いまだに開かれた問いである」（Chemero 2009: 43）。この点は、可能な限り表象を追放しようとするエナクティブな説明にとっても特に関係が深いと思われる（Gallagher 2017; Hutto & Myin 2013）。チェメロが示唆している通り、この点について私たちは今のところ約束手形を所持するにとどまっている。

第一の問題は、認知科学において複数の表象概念が稼働していることにある。心的表象と神経表象の間の分断（そうした分断があるとして）に加えて、この概念には、世界の存在様式を特定するのに役立つ完全に意味論的で真理条件的で命題的な構造から（Fodor 2008）、運動制御に役立つ行為指向の最小の表象（Clark 1997; Millikan 1995）までの幅がある。そこにはさまざまな縮小度の概念が含まれる——①表象は内的過程と環境刺激の単純な共分散であるとする考え、②表象はフィクションだが科学的説明に役立つ道具であるとする考え、③無内容の機械論的表象という考え。第二の問題は、さまざまな試みがあるにせよ、表象のメカニズム（あるいは表象の乗り物）がいかにして実際に内容を備えるに至るのか、すなわち、世界内の事物に関する有意味な情報をいかにして取り込み運搬するのか、という点について合意された説明が存在しないことである。ハットとミンは急進的エナクティブ認知を擁護しつつ、これを「内容のハード・プロブレム」と呼んでいる。［すなわち］彼らによると、認知科学は「心的内容の起源についての説明、心的内容がいかにして乗り物によって運搬されるのか、また心的内容がいかにして問題となるのかという説明」を与えねばならない（Hutto & Myin 2020: 83）（関連する問題についての詳細な考察は Akins 1995 も参照）。こうした説明が欠けている限りにおいて、表象主義の側にはこれらの問いに答える重要な約束手形の発行が求められている。

この節では、表象に反対または賛成する議論のすべてを評価することはできないが（そうした議論については、Ramsey 2007; Smortchkova, Dolega, & Schlicht 2020 を参照）、①なぜエナクティブ・アプローチにとっては最小の表象概念も縮小した表象概念も受け入れられないのか、②非表象主義的でエナクティブな説明がどのようなものか、ということを考察する。

身体フォーマット表象またはBフォーマット表象については、第3章1節ですでに論じた。ここでは、拡張した心仮説の一部として提案された行為指向表象（action-oriented representation, AOR）（＊ここでは略語を使用せず「行為指向表象」とする）の概念から始めたい。行為指向表象は、環境を航行し環境と交渉するうえで用いられるものであると私たちは記した（第5章3節）。それは行為特定的であり文脈依存的である。意味論的にも重くなく、内容の負荷がかかった表象ではないため、古典的認知主義によると高次認知や「表象ハングリー」なプロセスにとって必要とされるだろう。マイケル・ウィーラー（Wheeler 2005）はクラーク（Clark 1997: 47ff., 149ff.）に沿って、行為指向表象とは環境についての一時的な自己中心的運動地図であり、状況の要求に応じる特定の行為によって完全に決定されると述べている。行為指向表象は、客観的にあらかじめ存在する世界を表象するものでもないし、それを神経パターンのもとで地図化するものでもない。むしろ、主体の行為可能性という観点から世界をコード化するのである（Wheeler 2005: 197）。行為特定的な表象の機能によって、制御された状況内の行為が可能になる。エナクティブ表象といったものがあるとすれば、この考えはそのようなものに聞こえる。

クラークとグラッシュ（Clark & Grush 1999）は、順モデル（＊運動指令のコピーから運動結果を予測する脳内モデル）またはエミュレーター（＊運動を擬似的に表現する脳内モデル）の「内部」神経回路において開始された行為指向表象を含む予期的な運動制御過程のモデル、すなわち、行為の結果として生じる感覚フィードバックを予測するメカニズムを提案している。回路が形成するのは「分離可能な代理物」、つまり、特定運動の何らかの神経外の側面の未来の状態を代理する表象である。それは、今にも完了しそうな体位の表象であったり、その運動にともなって生じるだろう固有感覚フィードバックの表象であったりする。例えば、行為指向表象は、野球の外野手が自分に向かってくるボールをキャッチしようと準備する際に、腕の軌跡を表象するかもしれない。エミュレーターはまだ活性化していない何らかの運動状態を表象または代理するものであるため、現在の運動状態からは何らかの意味で切り離されているかオフラインである。クラークとグラッシュの説明では、彼らは行為指向表象を「最小の頑健な表象」としており、表象とそれが代理する神経外の身体状態の間の「恒常的な身体的結合」には依存しないような内的状態である。それゆえ、「エミュレーターは、一種の分離――この分離は、表象を理解するうえで決定的だとブライアン・カントウェル・スミス（Smith 1996）が論じたものだが――であり、その生物学的な細部がわかっているひとつの良い事例であると思われる」

(Clark & Grush 1999: 7)。しかしスミスの考えでは、自己中心的表象を分離しているとか文脈独立的であると考えるのはきわめて難しい。というのも、自己中心的表象は「私たちの自己感覚や個人的アイデンティティと緊密に連携している」(Smith 1996: 248) からである。

これらが自己とどのように関連するかという点については、後で戻ってこよう。ただし、文脈独立性については、表象が文脈独立的であると言えるかどうかは程度問題に過ぎないとスミスは示唆している――「完全に文脈独立的な表象や、「非直示的」な表象といった考えはフィクションである」(Smith 1996: 248)。実際、運動制御の一側面、すなわち行為を構成する一部分を、運動制御が追跡する運動上の身体から切り離しうると考えること、あるいは、行為および行為の文脈から切り離しうると考えることは難しい。これは、行為の文脈に完全に状況づけられているものとしてクラークとグラッシュが記述する予期的プロセスの類ではないだろうか。例えば、ボールをキャッチする場合、次の瞬間にボールがある場所、それをキャッチするのに私の手があるべき場所を予期するには、システムの現在状態を参照することが必要である。システムの現在状態には、現在の運動指令(あるいは順モデル内の遠心性コピー(*予測に使用される運動指令のコピー))が含まれるし、それは、ボールと私の手それぞれの現在位置についての進行中の知覚および固有感覚フィードバックから情報を受けて更新されるものである。ボールの軌跡を知覚できるのと同じように、私たちは自らの行為の時間的・空間的な軌跡を運動感覚的な観点において感じることができる。どのような意味で、これらのプロセスがダイナミカルな物理的結合ではなくて遊離や分離を含むというのだろうか――ボールを追跡する私の眼球の物理的プロセスを信頼すること、外眼筋と運動感覚を活性化すること、すでに動いている私の手が固有感覚的／運動感覚的なフィードバックを生成していること。クラークとグラッシュはこのような解釈を許容しているように見える――「基本的な運動エミュレーションの場合、〔分離可能性という〕より厳密な基準には実際達しない……代理状態は、進行中の環境からの入力から完全に分離可能なわけではない」。むしろ、代理状態は「環境とカップリングされた行為にとって一種の微調整」の例を提供する（Clark & Grush 1999: 10）。

表象の標準的定義は、表象が分離可能であるとの考えを含んでいるが、この定義に行為志向表象が当てはまらない限りで、クラークとグラッシュが論じている類の事例について非表象主義的な見方を採用してはどうだろうか。実際、クラーク（Clark 2008b）は、直接の感覚経験を含む、生態学的でエナクティブで非表象主義的な説明に接近している。

> ここで感覚経験は、エージェントと環境を生産的にカップリングし常時利用可能なチャンネルとして働く。世界由来のシグナルが、外的場面についての持続的な内的モデルへとそこで変換されるような一種の「伝達のベール」として働くわけではない。……ポイントは、キャッチャーは光学的流動に含まれるデータを賢く利用することで、今後のボールの軌道を計算する豊かな内的モデルを生成しなくて済むということである。このような場面では、ランドール・ビアーが言うように、「行動の適正な協調パターンを安定化するために、環境を正確に表象することから身体で環境と持続的に関わることへと、焦点が変化しているのである」（Beer 2000: 97）。（Clark 2008a: 15–16）

よく言及されるように、ボールをうまくキャッチする外野手がこれを実践している。ボールの軌跡を表象したり計算したりするのではなく、静止したボールの位置を走りながら視線の向こうに維持することでキャッチしているのである（Clark 2015; Fink, Foo, & Warren 2009）。代案となるエナクティブな説明は、行為指向表象を拒否し、ダイナミカルな観点で記述できる行為指向の身体的関与を支持するのである。

ハットとミン（Hutto & Myin 2020）はエナクティビズムの観点から表象概念を批判する中で、表象内容に焦点を当てている。そして、たびたび繰り返されてきた不満を彼らも繰り返している。すなわち、心についての標準的で表象的な概念は、これまで決して表象という乗り物が実際にどのようにして内容を運搬するのか、すなわち、表象という乗り物はどのように意味ある参照物や志向性を備えているのか、ということを適切に説明してこなかったのである（Clapin 2002; Smith 1996）。ここで再び、表象内容のハード・プロブレムが問われている（Hutto & Satne 2015）。表象についての縮減的（deflationary）な説明は、このハード・プロブレムから逃れる代案を提供するものとみなされるだろう。縮減説は、表象内容に関する強い主張をすべて避けるか、軽視する傾向がある。表象を構成するのは機械的な（乗り物の）プロセスだけであり、説明上の目的にとって必要となるのはそれがすべてである（Chomsky 1995）。言い換えると、表象というのは説明を実用上簡単にしてくれるサイエンス・フィクションであり存在論的に見て実在するわけではない、ということである。

例えば、フランシス・イーガン（Egan 2014）による縮減的見方を考えてみよう。この見方は微妙な違いを含んでおり、意味論的（あるいは認知的）内容を追い出すが数学的内容を仮定するものである。私たちは数学的内容をアルゴリズムとして、あるいは、特定の課題に関連する情報を処理する際にシステムが追従するような計算論的（純粋に構文論的）機能として考えることができる。イーガンが主張するのは、計算論的過程によって、神経表象的な乗り物に具象化した数学的内容が導入されるということである。私たちが認知的あるいは意味論的内容として考えているものは、特定の認知課題において表象が果たす役割に照らして私たちが表象に帰属させているものである。しかしイーガンによると、このような認知的内容は「志向的な見かけ」、つまりシステムを観察する者によるひとつの解釈に過ぎない。それは説明を展開する際には役立つかもしれないが、実際に仕事をしているのは認知的内容よりも数学的内容なのである。

> 認知的内容は……デバイスにとって本質的特徴の一部ではないし、本来の計算論の一部とみなすのは有益ではない。認知的内容は、問われている認知能力についての説明を容易にするべく帰属させられるのであり、数多くのプラグマティックな考察にとって微妙なものである。（Egan 2014: 128）

ラムゼイ（Ramsey 2020）はどちらの内容も（数学的と認知的）本質的であるとし、イーガンを認知的内容に関する実在論のポジションに押し出している。ハットとミン（Hutto & Myin 2020）はラムゼイとは対照的に、イーガンを別の仕方で押し出している。イーガンによると、数学的内容は本質的（または本来備わるもの）で、文脈中立的、かつ抽象的である、と彼らは記す。そのようなものとして、数学的内容は「さまざまな文脈での各種の認知的用法」（Egan 2014: 122）に役立つ。[7] イーガンの説明は、典型的に問題とされるものを回避している。すなわち、認知的内容の志向的な非決定性である（特定の脳状態がある対象、その対象の時間的断面、その対象の何らかの属性、あるいは何らかの関連事象を表象しているかどうかを言うのは難しいという考え）。イーガンにとってこれは、志向的な見かけを単に正しく位置づけるだけのプラグマティックなあるいは解釈学的な問題であり、真に問題なのは数学的な特徴づけである。ハットとミンはこの点を予測的処理（ＰＰ）（＊ここでは略さず予測的処理とする）モデルに関連づける。彼らはクラークによる生成モデルの特徴づけを引用する。生成モデルは、エージェントに影響を与えるような仕方で世界が存在する様子を一定のレベルで取り込むものではない。ただ単に「日々のありきたりな発話にともなう語彙を用いる」ことでは理解できないような仕方で「行為を駆動する……正確な重みづけの見積り」（Clark 2016: 292; Hutto & Myin 2020: 93 に引用）を取り込むものである。同様に、カール・フリストンは、狭いバージョンの予測的処理を支持しているように見える場合と（例えば Hohwy, Roepstorff, & Friston 2008）、より拡張したバージョンを支持しているように見える場合があるし（Constant, Clark, & Friston 2021）、エナクティブなバージョンを支持しているように見える場合さえある（Allen & Friston 2018）。フリストンは、彼自身にとって重要なのは哲学的な解釈ではなく、数学的モデルを正しく位置づけることであると述べている（フリストンとの私信による）。それゆえ、最も基本的な点で、予測的処理の文脈において重要なのは数学的内容なのである。

ハットとミンは、この種の縮減的な説明に依然としてつきまとう二つの問題点を指摘している。第一に、イーガンも認めているように、「数学的内容を自然化できることはありそうもない」(Egan 2014: 123)。というのも、物質的プロセスの観点からしていかなる外的または内的な環境からも独立しているような、純粋に形式的な操作に数学的内容は具体化しているからである。ハットとミンによると、これは再び内容のハード・プロブレムとなる。第二に、この種の説明をすると、イーガンとクラークは数学的内容が因果的効力を持つ、すなわち数学的内容が何らかの仕事をしていると考えるように導かれる。「だが、システムがしていることを因果的に説明するために、内容としての内容がいかにして……システムの状態の振る舞いに影響を与えうるか、ということは現状では明らかになっていない」(Hutto & Myin 2020: 95)。これはキム・ジェグォンの言う因果的排他性の問題である。すなわち、端的に言って、神経メカニズムが因果的な仕事をしているなら、いかなる内容に因果的効力を授与することも余剰であることになるだろう。それゆえ、もしも数学的内容が因果的役割を果たしていないとするなら、経験則による別の見かけを超えて彼らがどのような説明上の実利を提供できるのか不透明であるし、その場合は数学的内容が認知にとって本質的ではないことになるだろう。

ここでの議論を明確にするため、スミスが挙げている、コーラの缶を拾うようデザインされたロボットの例を考えてみよう。スミスの考えでは、このロボットは内部に記憶表象をともなっているが、それはロボットの行為を誘導するものであるため、行為指向表象として解釈することができる。ロボットがXフィート前方・Yフィート右にコーラの缶を見つけたら、〈X，Y〉と登録する。そして値が〈0，0〉になるまで缶に向かって動き、缶をすくい取る。問題は、表象内容が正確には何であるのかということだとスミスは特定し、またそれにいくつかの代案を彼は提示している。

①ロボットは自己中心的に特定の場所を表象する。ロボットの現在位置に対してXフィート前とYフィート右を床の上の安定点とする。

②ロボットは自己中心的に、その位置にあるコーラの缶を表象する。記憶への登録はコーラの缶がそこにあるときだけなされるため、システムの全般的行動が差し向けられているのは位置ではなくコーラの缶である。

③ロボットは、場所または缶の位置を自己中心的に表象するのではなく、コーラ缶の位置を参照しつつロボットの位置を他者中心的に表象する。

④ロボットは、何らかの特定の内容を保持しているというよりも、特定の個人または場所の観点に立って、Xフィート前・Yフィート右という全般的属性を表象している。

⑤それはまったく表象ではなく、内容も持ち合わせていない。むしろ、デジタル追従機構の内部にある単なる制御状態である。(Smith 1996: 51)

スミスが示唆するように、もっと情報がなければ、以上の解釈のうちどれが正しいかを私たちは言うことができない。どれかひとつを採用することは恣意的に見える。④は数学的内容に該当すると考えられるが、この選択肢は右に見る通り不完全である。「Xフィート前・Yフィート右という全般的属性を表象する。以上」ではなくて、より特定的に「Xフィート前・Yフィート右、ロボットに対して」と言わねばならないだろう。おそらく、この点は④に備わる自己中心的観点にすでに暗示されている。スミスの述べているところによると、表象とは「より容易に運動シグナルに変換されるという意味で」(Smith 1996: 248) 実践的に行為可能なものである。自己位置と私たちが呼びうるものへの参照がなければ(ロボットの例ではこれが自己感や個人的同一性ではないとしても)、④はあまり役に立たないだろう。そうだとすると、①に含まれている特定性がより適切な解釈であることになる。キャスリーン・エイキンス (Akins 1996) はこの種の表象をナルシシズム的と呼ぶが、この点は、表象がナルシシズム的であると言うために最小の基盤となるだろう。ナルシシズム的とは、目的が世界を表象することにはなく、世界がエージェントの行為にとっていかに関係するのかを表象することにある、という意味である。さらに、私たちがさせたい仕事をロボットがしようとしているなら、②のほうが好ましいだろう。ハットとミンに同調して、ロボットのメカニズムが因果的な仕事をしているとしても、数学的内容は確かにロボットをコーラ缶へと導くのを手助けしている、とここで論じることもできる。しかし②とともに、私たちはクラークとグラッシュによる行為指向表象の概念に連れ戻され、再度このように問うことになる。⑤のようなもので進めるとするなら、私たちはこれを表象と考えるべきではない。むしろ、航行するため内部表象ではなく世界を利用するロドニー・ブルックスのロボットに見られるような、ダイナミカルな観点で記述可能な行為志向の物理的関与と考えるべきである。実際、クラークとグラッシュも認めているように、「エミュレーター回路もまた、実世界へと直接に引っかかるシステムに紐づけられた小さなダイナミカル・システムであると即座にみなしうる」(Clark & Grush 1999: 8)。だがこの点で言うと、彼らは実践的な問いの選択に言及していることになる——「これらの記述のうち認知科学に最も役立つのはどれだろうか」。答えは一巡してイーガンの考えに、そしてハットとミンの反論に戻り、表象をめぐるここでの語りはクラークとグラッシュ自身が言うように「表象的な見かけ」(Clark & Grush 1999: 8) となる。それにもかかわらず、彼らが主張したいのは、運動制御における順行する(エミュレーターの)プロセスは実在する何かを含んでおり、表象的な見かけはそれを取り込んでいるということである。ロボットはまっすぐコーラ缶に向かっていくとしても、私たちはぐるぐると(理論上の)円環に入ってしまうのだ。

コンスタント、クラーク、フリストン(Constant, Clark, & Friston 2021)が「表象戦争」と名づけたこの袋小路を超えていこうとするなら、表象的説明の代わりにエナクティビズムが提供する代案を述べておくことが重要である。この代案を求めるとき、人はさまざまな語彙を見つける。「表象」「内容」「情報処理」「計算論的コーディング」に代えて、「同調」「身体的な関与」「ダイナミカル・カップリング」「感覚運動随伴性」「アフォーダンス」である。重要なことに、このような語彙の変化の背後には、何が説明を構成するのかという前提を含めて、前提の変化がある。排他的な認知の座として脳を特徴づける内部主義の観点から、あるいは、複数の実現可能性の原理に基づいて、関連する機能的要求を実装または実現できる物理的状態か物理的過程であればどのようなものでもよいとする機能主義の観点から問題を枠づけるなら、表象主義の説明が唯一の選択肢であるように見えるだろう。これと対照的に、脳-身体-環境を説明単位とする仕方で問題を特徴づけ、また、システムが備える生物学的および拡張した性質が無視できない違いを生むと考えるなら、同調とアフォーダンスの観点からの説明のほうがより関連深く見える。説明が機械論的-因果的であるべきかどうか、ダイナミカルシステム理論に由来する各種の方程式を説明とみなすかどうか(Chemero 2001)、といった他の論点もある。

ある点では、論争を決するうえで経験的な証拠だけに目を向けるべきだと考えたくなるところもあるだろう。前節において私たちは、身体性認知とエナクティビズムによる多くの主張を支持するように見える十分な量の経験的証拠を引用した。この戦略にまつわる問題は、まったく同じデータを引用して異なる解釈を提示することが両陣営に可能なことにある。この意味で、表象主義と非表象主義のどちらかが非科学的だということにはならない（表象概念の正当な使用法および認知科学における表象の実用性をめぐる議論については、Ramsey 2007 および Shea 2018 を参照）。それはむしろ、クラークとグラッシュが問うた問題なのである――「これらの記述のうち、認知科学にとって最も役に立つのはどれか？」（Clark & Grush 1999: 8）。

これらの論点――どの観点を用いるか、何が役に立つのか、何が科学的説明とみなされるのか、など――は、現在の論争を駆動する開かれた問いである。第7章で再び取り上げるが、ひとつの例は、予測的処理がこれらの論点を整理する共通の基盤として作動するかどうかである。すでに見たところによると、予測的処理の説明は内部主義バージョンと拡張バージョンを往復するし、また、身体化された‐拡張した心のバージョン（機能主義と表象主義も含め）が保持する前提はエナクティブ・アプローチとは折り合わない。しかし、クラークによって強調される能動的推論は、エナクティブな予測的処理の説明の舞台を整えるだろう。能動的推論の概念は、身体性およびダイナミカルな相互作用の重要性を強調する（Friston, Mattout, & Kilner 2011; Kilner, Friston, & Frith 2007）。エナクティブ・モデルにおいて、能動的推論は推論というよりも進行する予測的関与である――それは、進行しつつある環境（この環境は物理的なだけでなく社会的・文化的でもある）との同調を正しく導くような仕方で、より大きな有機体の一部としてそれと協働する脳が能動的に応答するところの、一連のダイナミカルな調節である。ダイナミカルな調節／同調のプロセスはシステムの全体を包括するものであり、より良い神経系の予測に役立つ単なるテストやサンプリングではない（cf. Clark 2016: 7; Hohwy 2013: 79）。むしろ、能動的関与とは、調律された行為、世界との関与であり、そこには予期的側面や修正的側面がすでに含まれている。これはメルロ゠ポンティの主張を具現化するひとつの方法であろう――「私の身体はその世界を持っており、「表象」を通過したり、「象徴機能」や「客観化機能」に従属したりすることなく世界を理解するのである」（Merleau-Ponty 2012: 141 ＊邦訳 p. 239）。

エナクティブ・アプローチの議論では、脳は、外部世界をサンプリングするテストを行うような、システムにおける制御の中心ではない。脳は、身体と環境を含んで全体を形成するシステムの内部にあるひとつの拠点、または他の拠点の中にあるひとつの複雑な回路の集合である。脳と身体の間の定常的で循環的な相互作用を通じて神経系の適応が生じるのであり、調節と同調の概念は、自律神経系と末梢神経系を含む物理的でダイナミカルなプロセスの観点のもとで具体化されうる（Gallagher et al. 2013; Gallagher & Allen 2018）。予測的処理とエナクティブ理論の統合が表象主義的説明に対するひとつの代案として機能するかどうかは、さらなる理論的かつ技術的な考察にかかっている。この点には第7章2節で戻ってくる。ただしその前に、エナクティブな説明のいくつかに続けて姿を見せている複数の約束手形を充足しておきたい。

3　間主観性

エナクティブな観点からすると、間主観的な相互作用に関する考察は、単に社会的認知や他者理解に関連するだけの二次的または周辺的な問題ではない。むしろ、間主観的な意味形成において私たちが他者に関与する仕方も含め、広義の社会的認知に関する論点は、知覚・記憶・行為・問題解決などを理解するうえで本質的な関連性があると考えられている。さらに、標準的な、過度に認知的なアプローチ（そこでは他者理解が理論的推論またはシミュレーションに基づく「マインドリーディング」であるとされ、典型的には心の理論（theory of mind, ToM）と呼ばれる）とは対照的に、エナクティビストは、間主観的相互作用を完全に身体化された知覚的・運動的プロセスとして捉え、表情・姿勢・身体運動・ジェスチャー・声の抑揚、さらには、高度に文脈化された実践的かつ社会的な環境における特定形態の感覚運動カップリングまで含めている。

エナクティビストは発達研究に訴える。そこでは、人間が初期幼児期から身体化された間主観的実践、コルウィン・トレヴァーセン（Trevarthen 1979）が「一次的間主観性」と呼ぶものに関与していることが示されている。幼児は養育者とともに、情動性と行為の意図を反映する身体運動と表現を含む、双方向的、二人称的で、往来するやり取りに関与する。これは「間身体性」（Merleau-Ponty 2012）の一形態であり、運動的および運動感覚的に共鳴する仕方で他者を知覚することに基づいている（Meltzoff et al. 2018）。早くも生後二カ月で、幼児はすでに他者の注意に合わせるようになる。他者の頭の動きと視線を追視するようになるのである（Baron-Cohen 1997）。幼児は、「他者の発声とジェスチャーに〔情動的かつ時間的に〕「合わせている」ように見える仕方で声を出し、身ぶり手ぶりをする」（Gopnik & Meltzoff 1997: 131）。このような相互作用の調律には、ダイナミカルな協調の研究を通じて細部まで特定できるような相互調整が含まれる（Alviar, Kello, & Dale 2023; De Jaegher & Di Paolo 2007; Goodwin 2000; Murray & Trevarthen 1985; Zhang et al. 2020）。ミラーニューロンの活動もこのプロセスの一部になっているだろう。この文脈においては、ミラーニューロンの活動は、シミュレーションや心的状態の単純なミラーリングではなく、他者の運動意図を知覚すること、また、知覚された行為に対して後続する反応を具体的に準備することに付随する神経過程の一部として理解される（Gallagher 2020）。重要なのは、一次的間主観性を構成する相互作用が自動的な手続きではないということである。チブラとゲルゲイ（Csibra & Gergely 2009）が示しているように、幼児は他者が自分に注意を向けているときだけ、その相手に対して反応する傾向があるのである。

生後九カ月から一二カ月に始まる「二次的間主観性」の実践には、文脈と社会的環境も寄与する（Trevarthen & Hubley 1978）。これは幼児が共同注意と共同行為に関与できるようになる時期であり、幼児は豊富な実践的および社会的な文脈のもとで他人の行為の意味を把握し始める。

> 二次的間主観性を定義する特徴は、対象または出来事が人と人との間で焦点となりうることにある。対象と出来事はコミュニケーションの主題になりうるのである……幼児と他人の相互作用は、彼らの周りにある事物を参照するようになる。（Hobson 2002: 62）

エナクティブな知覚がまずもって「行為のため」と理解できるとするなら、間主観的文脈における知覚はたいていの場合他者との相互行為のためである。そこでは、知覚に導かれる相互行為が社会的認知の原理となり、「参加的意味形成」のプロセスにおいて意味を創造する（De Jaegher & Di Paolo 2007; De Jaegher, Di Paolo, & Gallagher 2010）。

認知主義アプローチとエナクティブ・アプローチの違いを理解するために、標準的な誤信念課題を考察してみよう。「理論説」（＊他者を理解する際に人は「心の理論」を相手に適用して推論しているとする説）の擁護者は、社会的認知を素朴心理学的推論の一形態であると解釈し、誤信念課題の実験を社会的認知における重大な発達的変化の証拠であるとしばしば主張する。標準的な誤信念課題は三歳から五歳の幼児を対象に実施されてきた。典型的なパラダイムでは、物語またはおもちゃや人形を使った情景描写が用いられる。例えば、マクシという名前の人物が箱の中におもちゃを隠し、部屋を出ていく（Wimmer & Perner 1983）。ミニという名前の第二の人物が、マクシに気づかれないようにおもちゃを箱から出して籠に入れる。マクシが戻ってきたところで、マクシがどこにおもちゃを探すだろうかと子どもは実験者から質問される。平均的な場合、三歳児は、おもちゃが今置かれている籠の中をマクシが探すだろうと答える。四歳児は、ミニがおもちゃを動かしたことをマクシは知らないのだから、マクシは自分がおもちゃを置いた箱の中を探すだろうと答える。すなわち、四歳児はおもちゃの所在についてマクシが間違った信念を持っていると認識しているのである。このような認識が、マクシの心的状態すなわちマクシの保持する誤信念についての、素朴心理学的推論に基づくマインドリーディングの一形態であると言われる。このテストが示唆するところによると、三歳児と大半の自閉症児はいまだ心の理論を獲得しておらず、誰かが誤信念を保持しうることや、おもちゃの所在について自分の信念とは異なる信念を抱きうることが理解できないとされる（Baron-Cohen 1997）。こうした標準的な誤信念課題の知見から、平均して四歳前後で幼児の脳内で心の理論モジュールが一定の発達段階へと至り、こうしたマインドリーディングが可能になると理論家たちは結論してきた（Saxe & Kanwisher 2003）。

エナクティビストの視点からすると、標準的な誤信念課題はせいぜい、他者の行動について観察者の立場に立つことを含め、三人称的理解の特殊な実践について判定するものに過ぎない。つまり、子どもはマクシと相互行為をしていないのに、マクシが何を考えていそうか、あるいはマクシがどのように行動するか、いくぶん抽象的に答えを求められるのである。平均的に四歳児はこの仕掛けを扱うことができるが、三歳児にはできない。三歳児はマクシの心的状態を三人称的観点から特定するのが難しいにもかかわらず、典型的な場合、この年齢の幼児も自分が相互行為している相手先の実験者を理解することには何の問題もない。三歳児は、実験者と関わるうえであらゆる種類の合図を拾い上げている。音声コミュニケーションだけでなく、注意を向けるためのうなずき、質問を発する声の抑揚、子どもが話す順番であることを示す順番交代の切れ目、といったことである。これらは、三歳児が実験者との間で実際に可能な身体的関与なのである。三歳児は実験者が意図すること、あるいは少なくとも、実験者が自分に期待していることを理解しているように見える。おそらく彼らは、単に無関心な他者とは対照的に、実験者がとてもいい人で、協力的で、友好的であることも理解している。エナクティビストがここで示唆しているのは、この種の二人称的な社会的認知の事例においては、誤信念パラダイムでは検証できないものの、実験状況では姿を表すような仕方で、身体的相互行為が重要な役割を果たしているということなのである。

最近では、誤信念課題への自発的反応の証拠によって、いまだ一三カ月の幼児が他者の（誤）信念に対する感受性を示すことがわかっている。これらのテストでは、標準的なテストで用いられる直接の質問ではなく、行動指標（例えば、予測的注視、選好的注視、視線停留時間）を用いる（Baillargeon, Scott, & Bian 2016; Onishi & Baillargeon 2005）。幼児の成功は、心の理論モジュールが標準的に考えられているよりも早く成熟することによるのだろうか（Carruthers 2013）。あるいは、これらのテストではおもちゃや人形ではなく現実の人間が用いられており、幼児が生後一年を通じて現実の人間と相互行為をしてきたからなのだろうか。これらの実験は幼児を（相互行為させるのではなく）観察者の立場に置くものではあるが、アフォーダンスの予期を破るものだとエナクティビストは依然として訴えることができる。すなわち、幼児は他者に働きかける立場にない場合であっても、幼児による他者の行動の把握は、幼児による社会的アフォーダンス（相互行為の可能性）の知覚に依存するのである。メタ表象やメンタライジングの能力に訴えるより、知覚と相互行為に近いプロセスに訴えるほうが、より無駄の少ない説明であろう。実際、標準的な誤信念パラダイムの細部を調整して、子どもとマクシの間で相互行為を可能にしてやると、三歳児はより高い確率で正しい回答を出すようになるのである（Rubio-Fernández & Geurts 2013）。あるテストで、一八カ月児に相互行為ができる状態でおもちゃを探す実在の人物を助けるようにすると、幼児はやすやすとテストをパスするのである（Buttelmann, Carpenter, & Tomasello

2009)。

それでも、なぜ四歳児が三人称的な課題をより良くこなすのか、疑問を持つかもしれない。標準的な心の理論の支持者が考えるように、四歳で心の理論モジュールが活性化すると、私たちは二人称的で相互行為的な戦略からマインドリーディングへと転換するのだろうか。エナクティビストはこれに同意しない。エナクティビストの議論によると、一次的および二次的間主観性は、私たちが成熟するとともに置き去りにするような段階ではない。相互行為は、私たちが他者に関与する一次的方法として存続するのである。これは、他者理解においてより微妙で洗練された戦略を私たちが発展させないという意味ではない。一次的間主観性の直接的相互行為、二次的間主観性における実践的で文脈的な相互行為とは別に、三歳から四歳にかけて子どもはコミュニケーション的でナラティブ的な能力を獲得し、他者に対してより容易に三人称的観点を取ることができるようになるのである（Gallagher & Hutto 2008）。さまざまな種類のナラティブへの習熟によって、私たちは他者を幅広い仕方で理解できるようになる。ダニエル・ハットが示唆するように、「子どもは通常、ストーリーを語る実践に参加することで、他者の支援を受けて〔素朴心理学的な〕理解を獲得する。理由があって活動する人々についてのストーリー（すなわち素朴心理学的なナラティブ）がこの実践における焦点である。この特別な種類のストーリーが、道理を理解するのに必要となる決定的なトレーニング集を提供する」（Hutto 2007: 53）。ハットはこれを「ナラティブ実践仮説」と呼んでいる。

この仮説を支持する証拠は、ナラティブ能力と他者理解能力の重要な連関を示す発達研究において見出されている（Astington 1990; Dunn 1991; Feldman et al. 1990; Nelson 2007）。例えば、子どもは実質的な補助を受けながらストーリーを語ることを練習する。補助は、特定の質問への答えとなる手がかりを提示される、そして／あるいは、ストーリーの特定の性質に注意を向ける、といったことである。ストーリーは、その登場人物が何かを「知っている」「感じている」「欲しがっている」などの仕方で、素朴心理学の語彙を含んでいる。これらの概念が互いにどのように関係するのか、子どもはストーリーから学習するし、家庭や学校や遊び場での日々のナラティブからも学習する。実際、子どもはストーリーを聞き、劇遊びに参加しながら、特定の状況における適切な行為に習熟していくのである。これにより、人々がどう振る舞うか、どのような状況でどのような行為が受け入れられるのか、どのような出来事が意味を持つのか、について期待を形成できるようになる。こうした理解にとってナラティブは幅広い文脈を提供し、人々の態度がいかに・なぜ問題となるのか、子どもたちは学ぶのである。特定の仕方で行為する理由は劇中で述べられ、子ども自身のナラティブ生成に取り入れられる。「子どもの最初のナラティブ産出は、行為において、仲間のグループによって象徴的に演じられるエピソードにおいて生じ、単に演じられるのではなく言葉をともなっている」(Nelson 2003: 28)。私たちは他者との相互行為を通じてナラティブを形成するようになるのだから、ナラティブは相互行為から生じると言うべきである。例えば、最近起こった行為や出来事についての子どもの説明を、養育者が質問や支持を通じて引き出す場面、二歳から三歳の幼児が他者のナラティブを自分のものとして取り入れる場面がこれに当たる (Nelson 2003)。

子どもは三歳から四歳にかけて言語と記憶のスキルを発達させ、自らのナラティブ能力を微調整するようになる。誤信念課題にパスする能力とも直接結びついているが、四歳ごろになると子どもはナラティブに登場する他の人々の見方を表現するようになり、何らかの出来事について自分が知っていることと、それについて他人が知っていることを対照させるのである（Perner 1992）。特に、ナラティブの訓練は、誤信念課題での正答率の向上に寄与することが示されている（Garfield, Peterson, & Perry 2001; Guajardo & Watson 2002）。したがって、一次的間主観性と二次的間主観性に連携する能力が新たに獲得されたナラティブ能力と統合されると、幼児は、出現しつつあるナラティブ構造の内部で事物と人々を理解する準備が整う。このようなナラティブ実践に関与することで、子どもは、理由をもって行為するものとして他者を理解できるようになるのである。

4　意味形成(sense-making)

意味形成はエナクティブ哲学における基本概念であり、他者の意味を理解すること、他者と意味を形成することは、人間における意味形成の本質的部分を成している。すでに指摘したが、オートポイエーシス的エナクティビズムにおいて認知は完全に身体化されており、特定種類の身体は、有機体が継続して存在するうえで関連する環境内の構造と属性を決定する。自らの感覚運動的要因において環境と出会う有機体が、意味のある世界とみなされるものを生み出す、または制定するのである（Thompson 2005: 418）。「世界との交換は認知主体にとって本来的に意義あるもので、この点が認知主体を定義する属性となる。すなわち、意味の創造と評価あるいは短く言えば意味形成［である］」（Di Paolo, Rohde, & De Jaegher 2007）。この観点から言うと、発達した脳と神経系を持ち、他者とともに形成された社会構造を備える環境に生きる人間の認知は、人間以外の動物の認知とは異なるだろう。人間の場合、意味はまずもって他者との協調的な相互作用から生じてくる。

そこで、ハンネ・デ・イェーガーとエゼキエル・ディ・パオロ（De Jaegher & Di Paolo 2007）が提案するのは、人間社会の文脈では、間主観的相互作用が「参加的意味形成（participatory sense-making, PSM）をともなうということである。「展開する相互作用プロセスとそこに関与する個人との間の交流を通じて、意味は生成し変容する」（De Jaegher & Di Paolo 2007: 485）。このような意味での参加的意味形成は、二次的間主観性の概念と緊密に関連している。参加的意味形成は、私たちの間主観的相互作用がいかにして意味の構成へと参与するかという点に、また最も一般的に言って、意味のある世界の共同構成に言及するものである。それは次の問いに答えを提示する。私たちは互いに相互作用しながら、どのようにして世界の意味を一緒に構成するのだろうか。デ・イェーガーとディ・パオロ（De Jaegher & Di Paolo 2007）によると、この問いは社会的認知をめぐる論点に関わり、共同注意と共同行為によって形成される共同の文脈（二次的間主観性）において私たちが他者と関わるという前提のもとで、私たちがいかに他者を理解するのか説明することを助けてくれる。「これにより、社会的認知の問題の枠組みは作り直され、展開する相互作用プロセスとそこに関与する個人との間の交流を通じて、いかに意味が生成し変容するのかという問題となる」（De Jaegher & Di Paolo 2007: 485）。特に問題は、方法論的個人主義――ミラーニューロンや心の理論モジュールなど個人内のメカニズムが最初の説明としてここでは持ち出される――という標準的観点では解決できない問題として枠づけ直される。むしろ、そこに関与する個人を超えて広がる相互作用のプロセスが、説明の重要な一部として取り上げられるのである。社会的相互作用は、個別エージェントの自律性を含んではいるものの、「部分の総和には還元できない集団的ダイナミクスから生じる特徴」(Zhang et al. 2020: 11; De Jaegher et al. 2010も参照)へと帰結する。相互作用のダイナミカルな側面は、参加者の協調の歴史に依存し、特定可能なコミュニケーションのパターンの形成にも寄与するが、相互作用主体が互いを理解する仕方に影響するのである。

協調のプロセスで生じるもの(ジェスチャー、発話、時として相槌やターン修復のしるしとなるイントネーションの変化など)が、出会いを方向づけたり、出会いの持続を促進したり(しなかったり)するような意義を持ちうる。こうしたダイナミクスそれ自体を特定の仕方で解きほぐすことが、そこで生じやすくなる協調の種類に影響を与える。(De Jaegher & Di Paolo 2007: 492)

意味構成的な出会いにおける相互作用ダイナミクスの役割については、エスノグラフィと会話分析によって支持されている(e.g., Goodwin 2000)。こうしたダイナミクスの意義を取り入れるうえで、スコット・ケルソー(Kelso 2014)とその共同研究者によって提案されているダイナミカル分析の方法、「協調ダイナミクス」と呼ばれる方法を採用することができる(Tognoli et al. 2020; Tognoli & Kelso 2015)。彼らの仕事の多くは脳のダイナミクスを焦点とするものだが、彼らのアプローチはあらゆる複雑系ダイナミカルシステムへと一般化し、異質な空間・時間スケールを横断する協調によって典型的にまとまるような相互作用のパターンに応用することができる(Kelso 2009; Zhang et al. 2020)。協調ダイナミクスの測定は、時間を通じて変化する連続的なプロセスが展開する様子を記録するもので、その分析は、時系列分析を用いてそのプロセスにともなうダイナミカルな構造を析出するものである。これにより、研究者が相互作用プロセスの詳細に入り込み、それらが秩序だっていく様子を説明するモデルを発展させることができる。例えば、自閉症スペクトラム障害の主体の場合、コミュニケーション過程における協調ダイナミクスが大きな差異を示す（Dumas, Kelso, & Nadel 2014; Gallagher, Varga, & Sparaci 2022も参照）。より一般的に言って、「社会的相互作用の障害は、すべてではないとしても多くの精神医学的障害において広汎な役割を果たしている」（Leong & Schilbach 2019: 636）。

5　複雑認知（complex cognition）

すでに述べたように、エナクティビズムが発行したひとつの約束手形は複雑認知もしくは通常「高次」認知と呼ばれるものに関係する。これは「スケールアップ」問題と呼ばれる。エナクティブ・アプローチは、せいぜい知覚と行為を含む低次または基本タイプの認知過程だけを説明する立場にあるだけだと言われている。では、スケールアップして、記憶、想像力、反省的判断といった「表象ハングリー」な高次認知能力を説明することができるのだろうか（e.g., Chemero 2009; Clowes & Mendonça 2016）。

エナクティブ理論家たちは、想像力、数学的認知、言語を取り上げて、多くの異なったアプローチをこの論点について提案してきた（Gallagher 2017; Hutto, Kirchhoff, & Abrahamson 2015; Kiverstein & Rietveld 2021; Van Den Herik 2018; Zahidi & Myin 2016）。共通の戦略は、複雑認知を基本認知と連続的なものとし、それが同一または同等のスキルを含むと考えるところにある。私たちは概念的分析や合理的問題解決のスキルについて、例えば、それが概念的または言語的な性質を備えているアフォーダンスの操作をともなうものとして考えることができる。明らかに、数学的および科学的な推論は複雑でスキルフルな方法知の事例である。例えば、数学における問題解決が意味するのは、方程式の一辺から他辺へと要素を動かす、文字通り図形や立体を構築して幾何学的証明を作り出す、といったように事物を動かしてみることである。この点でエナクティブ・アプローチは、道具や人工物の使用にアプローチする拡張性認知と強調点を共有している。拡張した物質的相互作用を通じて概念的または物理的にでさえ操作可能な物体として科学的モデルを考えるのであれば、科学的認知もまた基本認知と連続的なものとみなすことができるのである（Rolla & Novaes 2022）。これらの事例では、表象が例えば図・表・図形として外部的なものになっているし、操作することは、ある物を別の物の横に置く、ある物をある仕方や別の仕方で回転する、ある物をある問題や別の問題のもとで眺める、といったように、運動的または知覚的なのである。これはアフォーダンスに基づくプロセスであり、「まさしく生態学的な意味で……相互作用の可能性〔を提供するもの〕として」理解しうる。「これらの可能性を探索することは、感覚運動能力を実践し、感覚運動的な規則性を探索することなのである」（Rolla & Novaes 2022: 631）。私たちは研究室のさまざまな装置や実験状況を用いて科学的知識を拡大することができる。また、コンピュータ上でシミュレーションを行い、補助なしの思考では把握できないような結果を見出すこともできる。私たちはしばしば、科学的探究を他者とともに進め、モデルを提示し、それについて議論する。この点において、「モデルは、人間活動の間主観的領野が何らかの仕方で物質に住み込んだものである」(Knuuttila & Voutilainen 2003: 1487)――すなわち参加的意味形成の所産なのだ。

もちろん、科学的認知にはモデルを操作したりアフォーダンスを拾い上げたりする以上のものがある。ロラとノバエスもそれは認めており、「典型的な場合、科学は説明すること、複雑な言語の使用、洗練された推論などを含む」(Rolla & Novaes 2022: 627) としている。それでも、彼らは基本認知と高次認知の連続性を主張しているのである。こうした文脈で彼らが論じているアイデアとは、惑星システムについて学ぶ人は、軌道がどのように運行するか理解することで、特に、モデルのアフォーダンスを捕捉して感覚運動的な規則性を探索しつつ、モデルに関与したり操作したりすることで、惑星システムの構造について何かを把握するだろう、ということである。実際、このことは、ロブ・リンドグレンと私が「エナクティブ・メタファー」(Gallagher & Lindgren 2015) と名づけたものを用いた実験において示されている。「流星 (MEteor)」と題する研究プロジェクトにおいて、私たちは (周回する衛星を支える重力特性を備えた惑星など) 惑星天文学を壁面と床面にプロジェクションした力学的なシミュレーションを用いた。中学生は自らの身体を使って (蹴ったり走ったりして)「流星」と相互作用しつつ、一定の速度で動く小惑星を発射し、他の惑星とそれに連動する力の圏域のどこに移動していくかを予測する。ここには、児童が流れ星を同定してその振る舞いを行為で表出するという意味で、エナクティブ・メタファーが含まれる。「流星」を使うことで、物体が宇宙空間内を移動する様子について物理学の観念と原理が進展するのを通じて (例えば重力加速度やケプラーの惑星運行の法則)、児童たちは導かれる。児童による現在進行形の予測へのフィードバックは、軌跡を調節する同時刻シミュレーションの刺激によって与えられるのである。

科学概念を学ぶ際に全身でのエナクティブな関与が持つ効果を示すため、三一二の中学校生徒を対象として統制した研究において、私たちは強いエナクティブ条件（児童は部屋大の没入型シミュレーション環境に入る）を弱いエナクティブ条件（児童はコンピュータ上でマウスを使ってシミュレーションを操作する）と比較した（Lindgren & Bolling 2013; Lindgren & Moshell 2011）。強いエナクティブ条件では、天文学の概念についてより良い理解が帰結した――より力学的な図表を作成する、シミュレーションに備わる表面と背景の特徴を過信しなくなる、テスト時の科学的推論と気質的な学習効果の改善、である。

この種のシミュレーションは内面化して心的に操作することが可能だと思うかもしれない。実際エナクティブ理論家の中にも、内的な想像上のシミュレーションの一種を取り上げ、弱い身体性認知の提案者にとってはこれがより相応しいとする者がいる。例えばエヴァン・トンプソン（Thompson 2007）は、記憶と想像について取り上げ、非表象的なバージョンのシミュレーションを知覚過程の再上演とする説明を打ち出している。その例として、記憶は、不在の何かを現前へともたらす、あるいはその現前を呼び起こすような、（再度）活性化された現前的活動である。ひとつの反論は、もともとの知覚過程が非現前的だと考えるとしても、そして、記憶は産出過程それ自体において表象的なメカニズムを含まない生産物として非表象的だと考えられるとしても、記憶はやはり表象のように見えるということにある。シミュレーション（＊環境まで含めて模擬すること）は一種のエミュレーション（＊仮想的な環境で模倣すること）と考えられるだろう。すなわち、「限定されかつ修正された仕方で再上演することで、ある活動を再現（represent）すること――例えば、モデル化はするものの末梢の感覚運動システムを通じて連環することはないような内部過程として［である］」（Thompson 2007: 290–291）。

これでも依然として表象主義的な説明に近く見えて居心地が悪い。ダニエル・ハットにとっては近すぎる。というのも、エミュレータ概念は表象的内容の観点から考察されることが多すぎるため、彼はこの概念にはより懐疑的だからである。ハットのラディカルな見方（ラディカル・エナクティブ認知）にとっては、「エミュレータが心的イメージについての最良の説明のひとつだとして、その機能の仕方を詳細に説明すると、それが表象的内容の操作を含むと判明するとしたら」（Hutto 2015: 72）、エナクティビズムにとっては敗北となるだろう。エナクティブな説明は、想起されたり想像されたりする事象に含まれるプロセスのより近くにとどまらねばならないとハットは示唆している。複雑な過程へとスケールアップするよりも、より基本的な過程へと複雑なものをスケールダウンすべきなのである。この点から言って私たちが手始めに考えうるのは、知覚と行為には記憶と想像がすでに含まれているということである。ハットは、石の切片を用いて用具を作っていた、中期旧石器時代のヒトの道具製作能力の事例に訴えている。これは一種の物質的関与であるが、（おそらく運動習慣の形態での）記憶と（終了後の生産物を予期するという形態での）想像との緊密な統合を要求するものであり、どちらについても手によって遂行されるプロセスを追跡することが求められる。この実践では、見ること、記憶すること、想像することがすべて堅く結合しており、多くのスキルの場合と同様に、その遂行方法を記述するうえで人ができることは多くない。話を通じて解明できるのは、その内容と一連のルール以上のものではないし、石の内的表象のような何かも必要とはされない。石は手の中にあり、ハンマー石を使って感じることができ、大きさ、形、重さの特性をどうすべきか目で見ることができる。心的過程、知覚、想像、記憶は、道具を作るという行為のうちに統合されている。このような物質的関与

（Malafouris 2013）において、手は脳から分離されていないし、操作している物体からも分離されてはいない。

この点は、人がこうした基本的記憶と想像的過程からより複雑な認知形態を構築するうえでの出発点と見ることができるだろう。基本的なものから複雑なものに至る連続性があると主張することはできるし、人間の場合、言語、コミュニケーション、ナラティブ実践がそうした基本的認知過程を新たに複雑な完成形へと押し出すまたは引き上げると論じることもできるだろう。前節で示した社会的相互作用と参加的意味形成についての考察を踏まえると、エナクティビストはすでに、知覚と行為より複雑な認知的実践について説明を提供すべき立場にいることになる。

この節では、現在エナクティビズムに投げかけられている挑戦問題を再検討することで結論としておきたい。

①どのような身体性の概念を操作的に用いているか？

→エナクティブ身体性認知は強い身体性認知と同様に次のことを強調する。すなわち、認知システムとは脳‐身体‐環境であり、そこでの身体には、環境との間に結ばれた行為指向でダイナミカルな関係から理解される非神経的有機体が全面的に含まれる。

②どの領域の認知、あるいはどのような認知課題が身体化されるのか？　また、各課題はどの程度の身体性を含むのか？

→基本的認知過程として扱われるのは知覚と行為であり、これが間主観的な（社会的かつ文化的な）実践を通じたより複雑な意味形成の形態へとスケールアップする。
③どのような経験的証拠によって、身体性に関する特定の主張が支持されるのか？
→脳－身体－環境システムのダイナミカル分析は、神経生物学および各種心理学分野の実験研究によって支持されてきた。エナクティブ・アプローチは、発達・エスノグラフィ・現象学の諸研究も引用する。
④提示された主張は、古典的認知主義から実質的にどのように離反するのか？
→エナクティブ身体性認知は身体と環境の相互作用の役割を強調し、主として計算論的で、表象的で、情報理論的なモデルを退ける。
⑤心的表象または神経表象は、認知においてどのような役割を果たすのか？
→エナクティブ身体性認知は非表象的アプローチを支持する。また、ラディカルなエナクティブ認知は内容のハード・プロブレムに光を当て、表象的な説明を拒否する。

注

（4）ドレイファスは、人工知能に対する早くからの批判においてだけでなく、エナクティビズムに影響を与えたことでも重要な人物である。ヴァレラ、トンプソン、ロッシュ（Varela, Thompson, & Rosch 1991）は、ハイデガーとメルロ＝ポンティの現象学を優先してフッサールの見方を切り下げたが、これはドレイファス（Dreyfus 1982）の影響によるものである。彼らは後に、生きられた身体と時間性に関するフッサールの仕事をエナクティブ哲学にとって重要なものとみなすようになった（例えばVarela 1999; Thompson 2007を参照）。
（5）マトゥラーナとともに執筆していたころや初期の論文では、ヴァレラは「組織的閉包（organizational clo-

sure)」という用語を用いている。後の仕事では「操作的閉包」に移行している。エヴァン・トンプソンは、操作的閉包のほうがより力動的であると示唆している（Thompson 2007: 45)。

（6）この点は、オリガンとノエ（O'Regan & Noë 2001）に見られるような、先述したサブパーソナルで非概念的な見方と異なるものに読めるかもしれない（＊「サブパーソナル」は人格レベルに到達しない非意識的な過程を指す概念）。しかしこれは、「異なる説明目的」（Ward et al. 2017）に言及するうえで単に異なる点を強調していると理解できる。

（7）認知的内容は各文脈に応じて変化するのに対して、数学的内容は文脈が変化しても同一性を保つため、数学的内容は表象過程にとって本質的である、とする議論がある。この見方によれば、表象は本質的に構文論的である。表象が意味や意味論と結びつく仕方は、外的かつ可変的な解釈に依存する。ベクテルとファン（Bechtel & Huang 2022: 61）の指摘によると、この議論は、ＡＩの文脈でサールが論じた中国語の部屋と同じ種類の議論である（＊サールによる中国語の部屋の思考実験では、構文論と意味論の違いが問題であることが明らかにされた）。

第7章 因果関係、構成、自由エネルギー

この章では、片づける必要のある残された課題に再び取り組む。第一に、拡張した身体性認知とエナクティブ身体性認知の双方に対する最も強い反論、いわゆる因果関係／カップリング－構成の誤謬（第5章1節を参照）を取り上げ、両者がいかに連携して反論に対抗できるかを考える。第二に、拡張性アプローチとエナクティブ・アプローチを自由エネルギー原理に焦点を当てる予測的処理の枠組みに統合することで、両アプローチを結ぶ進行中の試みが持つ可能性を考える。

1 C－Cの誤謬

拡張した心仮説に対する当初からの反論（Adams & Aizawa 2001）に沿って何人かの哲学者（Aizawa 2007; Block 2005; Prinz 2006）が示唆しているのは、エナクティブ・アプローチもまた因果関係（causation）の主張と構成（constitution）の主張を混同している（C－Cの誤謬）ということである。例えば、ガンゴパダイとキヴァーシュタイン（Gangopadhyay & Kiverstein 2009）は、知覚時の眼球運動に表現される類の感覚運動随伴性は、単純な因果的要因ではなく知覚の一部を構成すると考える。特に、その種の眼球運動は知覚的注意を構成するものの一部であると彼らは主張する。すなわち、注意は認知的操作であり、課題に相関する眼球運動に体現されるような、環境とカップリングするひとつの方法に他ならない。

眼球運動を遂行する能力が損なわれると、知覚内容を決定する入力と出力の法則的関係が破壊される。この破壊は、知覚主体と環境の感覚運動カップリングの水準で生じる。知覚内容に及ぶカップリングの根源的影響に基づいて、感覚運動的行動が経験内容に真に構成的に寄与しうるとの考えが確立されるのである。（Gangopadhyay & Kiverstein 2009: 72）

他の論者も類似した方針を採用する。因果と構成の区別を受け入れつつも、経験的証拠に基づいて、身体的で感覚運動的な過程と認知過程とは分離できないのだから身体的関与は認知を構成すること、また、そうした身体と環境のカップリングがなければ認知過程のいくつかの側面が私たちには利用できなくなること、を主張しているのである（e.g., Clark 2008a）。批判者たちにとってこの議論は必ずしも説得的ではない。というのも、構成的関係ではなく因果的関係として彼らはカップリングを理解するからである（e.g., Adams & Aizawa 2010）。

C－Cの誤謬に対するより辛辣な応答は、批判者が考えるほど因果関係と構成関係の区別は厳密ではないと示すことにある。この点で言うと、エナクティビズムからの応答は特殊な因果性を含む構成の概念を守っている。これを理解するうえで留意すべきなのは、アダムスとアイザワが訴えた因果性と構成の区別は新機械論の文献に由来するということである（e.g., Bechtel & Huang 2022; Craver 2007; Craver & Bechtel 2007）。この種の機械論において有効な構成の概念は合成的なものである。すなわち、共時的または同時的に全体を作り上げる（構成する）部分であるかどうかという観点から、部分全体関係に基づいて定義される。［しかし］ある水準では、一定の背景条件のもとで複数部分がまとまって因果的に作用するものの、高次の合成は非因果的に出現する。低次の属性が高次の属性を実現しうるし、低次の過程が高次の過程を生み出しうるのである。このような、合成的な水準間の構成による高次でのマクロな現象は、産出的な水準内の機械的－因果的過程を低次水準でともなうとしても、非因果的なのである。それゆえ、因果関係は水準内の関係に限られるのであり、構成関係は水準間の非因果的関係である（図1参照）。

図には、低次水準にあって因果的過程（φ1-ingからφ4-ing）に関与するX1からX4の構成要素が示されている。これらがSを構成する。低次過程が非因果的に高次過程（ψ-ing）を生み出すのである。アイザ

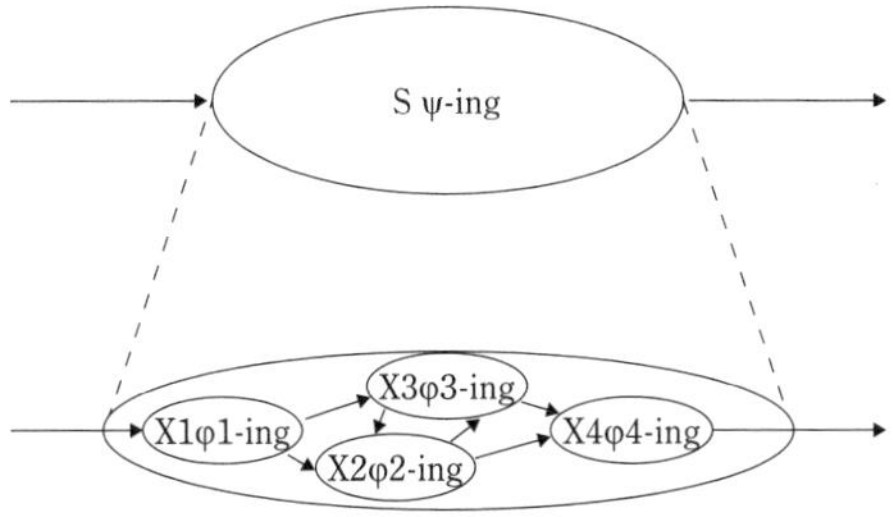

図1　メカニズムの図式（Craver 2007: 7）

ワ（Aizawa 2014: 24）によると、このメカニズムは、問題を解決する人「のような何か」を意味するひとつの全体（S ϕ-ing）として考えることができる。ϕ1-ing から ϕ4-ing は、サブパーソナルな神経過程またはサブパーソナルな非神経過程さえ意味しうると彼は示唆する──「X1ϕ1-ing は眼球が遂行するサッケードでありうるし、X4ϕ4-ing は鉛筆を持って書くことでありうる」。

クレイヴァーやベクテルのような新機械論者が因果性と構成を区別するのには二つの理由がある。

①部分と全体の関係は因果的なものではありえない。というのも、因果性には、部分全体関係が原因と結果から独立していることが含まれるからである。例えば、ティーカップの取手はティーカップの部分であるが、取手はティーカップを引き起こさない。

②部分‐全体関係は同時的関係でなければならないのに対して、因果性は通時性を必要とする。

このように厳密な区別にともなう問題は、構成関係を検証する基準としてクレイヴァーが双方向的操作可能性を提案する際に持ち上がる。

構成的関連性に関する私の仮説は次の通りである。ある構成要素の挙動を左右することで全体の挙動を左右することができ、また、全体の挙動を左右することでその構成要素の挙動を左右することができるならば、その構成要素は全体としてのメカニズムの挙動にとって関連性がある。両者は部分と全体として関係しており、双方向的に操作可能である。（Craver 2007: 152–153）

問題は、ジェームズ・ウッドワード（Woodward 2003）の介入主義的な因果性の概念の観点に沿ってクレイヴァーが部分－全体の双方向的影響の概念を説明していることにある。これにより、構成関係に因果性が導入されるように見えるのである。ウッドワード派の介入概念に基づいて定義される通り、双方向的操作可能性によって因果関係が抽出されるものの、水準間の構成関係については因果的とはされなくなる。この複雑性は新機械論の文献内部での論争を引き起こしたが、それをここで繰り返す必要はない。次のことを指摘すれば十分である。混乱を解決するひとつの試みは少なくとも、高次水準で構成される現象（S ψ-ing）はそれ自身が通時的であり、初期の低次過程が後の高次過程に実際に因果的に関連づけられている、という現実的仮説を導入することで、水準間の因果関係を許容することである（Krickel 2018）。したがって、例えば X1ϕ1-ing のような低次過程に介入すれば、メカニズム全体ではなくても、X1ϕ1-ing より時系列的に後に生じる S ψ-ing の一部には影響が生じるだろう。これは、双方向的操作可能性の検証と完全に一致するような、構成についての通時的概念を構想するのを後押しするものである（Kirchhoff 2017）。

このような通時的見方は、エナクティビズムにおけるダイナミカルな構成の概念とよく一致する。環境に関与する有機体が認知過程にともなう限り、能動的なシステムはダイナミカル・カップリングの過程を通じて構成される。そこには、単純に線形的でも相互的でもない因果関係、さらに言えば、全体が部分の機能に再帰的に影響を与えうるようなダイナミカルで非線形的な因果性をともなう因果関係が含まれるのである。この種の因果関係には、有機体の内部に帰属せず、また有機体に還元もできないような、要素・属性・関係・プロセスが含まれるだろう。カップリングは実際に因果的であるが、カップリング関係は、脳‐身体‐環境の異なる時間スケールに分散した各認知過程を構成するのである（Varela 1999）。アントニー・チェメロ（Chemero 2009）とオレスティス・パレルモ（Palermos 2014）は、その種の非線形的関係の存在、または、その種の因果関係を含む持続的で双方向的な相互作用のループをもって、構成の客観的基準とみなすことができると論じている。実際のところ、C‐Cの誤謬に耐性のある仕方でエナクティビズムは構成を再定義しているのである。

2　自由エネルギー原理とエナクション

私たちは第5章3節において、拡張した認知と予測的処理の同盟関係についての提案を検討した。何人かが示唆しているように、予測的処理の説明とエナクティビズムを統合することも可能ではないだろうか（Bruineberg, Kiverstein, & Rietveld 2018; Gallagher & Allen 2018; Kiverstein 2020; Parr, Da Costa, & Friston 2020; Wiese & Friston 2021）。明らかにこの作業は、神経中心主義的な内部主義、推論・内部モデル・表象の概念に関連して、用語上の違いと概念上の違いに言及することをともなう（Ramstead et al. 2021）。予測的処理にとって、アフォーダンス・同調・共鳴などのエナクティブなプロセスについて、その原理を掘り崩すことなく調停することは可能だろうか。

コンスタント、クラーク、フリストン（Constant, Clark, & Friston 2021）は、「表象戦争」に関する論文において、それが可能であるとの考えを示している。彼らが提案するのは、分業を導入するという停戦である。「脳内のさまざまな推論過程に随伴する確率分布を考慮する際に露呈する、微妙だが決定的な点〔がある〕」(Constant, Clark, & Friston 2021: n.p.)。ここで彼らは次の二つを区別する。①生成モデル／信念の確率に合わせた、期待される感覚神経活動についての脳の予測——これは純粋に内的過程である。②その種の活動の(隠れた)原因に関する脳の予測。①の場合において「正しく理解すること」(停戦または成功条件を満たすこと)は、「その人の信念の観点に沿って正しく理解すること、例えば、その人の世界モデルにおける状態空間をうまく探索すること、に関連する。……これが意味するのは、能動的推論のもとでは成功に二つの層があるということである。ひとつはモデルに即して定義される成功であり、もうひとつはエージェントと世界のカップリングに即して定義される成功である」(Constant, Clark, & Friston 2021: n.p.)。

コンスタントらによると、第一のタイプの予測的処理は表象的であり、予測誤差最小化とよく適合する。第二のタイプはダイナミカルであり、能動的推論またはエナクティブなプロセスに基づいてモデル化される。彼らの説明では、第二の(非表象的な)プロセスは、義務的行為——規範的制約によって導かれる行為で、彼らによると自動的行動に接近する習慣的行為を含むもの——には十分である。彼らは、一時停止標識の前で停止するという、ドライバーが自動的に遂行する傾向のある事例を挙げている。

〔その種の行為は〕脳内過程としての成功条件を備えていないが、エージェントと世界のカップリング過程としての成功条件は備えている。これらの行為は単純な観察 - 行為のループであり、豊

> 富で再構築的な方針選択のループではない。……世界の状態についての推論——これは表象主義的な解釈を許容するものだが——は今や直接的行為によって置き換えられるのであり、行為に介入するような推論や、行為の結果についての表象はともなわない。（Constant, Clark, & Friston 2021: n.p.）

義務的行為について、それを機能させているものは「世界について知覚的に維持された運動情報的把握である。すなわち、間に合わせで使える正しい情報を取得し、かつ、豊かな内的心象を構築する作業に関与しない、低コストの知覚‐行為ルーティンである」（Clark 2015: 11）。

コンスタントら（Constant et al. 2021）は以上のことを一種のデタント（緊張緩和）として提示しているが、高次の表象ハングリーな認知（現在では予測的処理の枠組みに収められているが）とより基礎的な知覚‐運動過程に分割するという妥協を含むかつての和平交渉をどのように超えていくのか、明確にしていない（e.g., Clark & Toribio 1994）。同様に明確でないのは、エナクティブで、注意深く、知的な習慣がこの図にどのように適合するかということである。というのも、知覚‐行為循環の観点から見た場合でさえ、エナクティブなプロセスは自動的で繰り返される義務的行動の一種ではないからである。

予測的処理とエナクティブ・アプローチを統合する別の試みは、こうした詳細の一部から撤退して、より基本的かつ抽象的な枠組みに至ることでなされている。すでに記した通り（第6章2節）、フリストンにとって重要なのは（統計的モデルにおける）数学を正しく理解することであり、これによって、自由エネルギー原理（free-energy principle, FEP）の観点から説明されるモデルを生命それ自体へと一般化する彼の提案が形作られるのである。[8] 自由エネルギー原理、および熱力学第二法則によると、生物学的システムはエントロピーに抵抗する傾向として定義され、抵抗しなければシステムは死に至りうる。ホメオスタシス、構造的統合性、機能的統合性を維持しつつ、エントロピーを回避するため（熱力学の観点から見たエントロピーはシステム内における過剰な自由エネルギーを意味する）、有機体は能動的推論によって——すなわち環境との関係を変えることによって——自由エネルギーを減少させる必要がある（その帰結として予測的処理モデルにおいては予測誤差とサプライズを最小化することになる）（＊サプライズは予期せぬ入力を受けたときに数式内で生じる大きな出力値）。ここでの主張は、いくつかの点において自由エネルギー原理がオートポイエーシスの概念、すなわちそれ自身のダイナミカルな構造のおかげで有機体の創発的または自己組織的な持続性が生じるという考え方とよく一致することにある。どちらの原理もともに、生命と心の連続的な過程を表現しているからである（Allen & Friston 2018; Ramstead et al. 2021)。

簡潔に言えば、ここでの戦略は、自由エネルギー原理とオートポイエーシスを一貫したものとして理解でき、予測的処理とエナクティビズムを統合する十分な基盤があるかどうか、にある。何人かのエナクティビストが同意しているのは、基本的な自由エネルギー原理バージョンの予測的能動的推論モデルとエナクティビズムの原理とを組み合わせるのは可能だということである（e.g., Bruineberg, Kiverstein, & Rietveld 2018; Kirchhoff 2018; Kirchhoff & Froese 2017)。彼らは、有機体が自らの生存条件をコントロールするのに用いる身体化された行為（能動的推論）を強調するのである。

それゆえ、自由エネルギー原理の枠組みにおいて、実際にサプライズを最小化する仕事をしているのは行為なのである。行為が有機体と環境の関係を変化させ、それによって有機体の感覚状態を変化させるのである（Bruineberg et al. 2018）。

キルヒホフとフローゼによると、自由エネルギー原理の特定のバージョンは非表象主義的で、ラディカルなエナクティブ認知（REC）の見方を支持しているという。

> 共分散としての情報は内容としての情報を生じさせることはできないと仮定し、また、共分散としての情報に適応的に反応することが生命的で認知的なシステムに備わる本質的特性であると仮定すると、心的であることの最も基本的形態は、何らかの種類の〔表象的な〕内容を処理するという問題にはない。（Kirchhoff & Froese 2017: 13）

この見方によると、行為は脳の中で起こる何かではない。行為は神経処理のために新たな感覚入力を提供しているだけでなく、有機体全体が環境との相互作用において遂行しているものである。また、異なる記述によると、行為とは人が世界の中で遂行することであり、これは脳を変化させるのと同様に世界を変化させる。システムのプライア、すなわち行為を形成する事前知識は、（単に）推論を形成する仮定や信念だけにとどまらない。プライアには、身体化されたスキルの方法知、行為の準備状態のパターン、アフォーダンス空間とかみ合う情動的性質が含まれるのである。

予測的処理とエナクティブ・アプローチを統合する試みとは対照的に、ディ・パオロ、トンプソン、ビアー（Di Paolo, Thompson, & Beer 2022）は、予測的処理とエナクションの間に互換性がないことのより深い（技術的かつ理論的な）理由を特定している。最も簡単な言い方で述べると、この議論の技術的部分にはオートポイエーシスのシステムと自由エネルギー原理のシステムを比較対照することが含まれる。オートポイエーシスのシステムにおける組織（*organization*）は不変項であり、変化する特徴としての構造（*structure*）からは区別されるのだが、自由エネルギー原理の議論においてはこの区別が維持されない。

> 構造とはシステムの具体的な実現である。システムを構成する具体的な構成要素と、それらの間の現実的で具体的な関係である。システムの組織とは、システムをあるクラスに属するものとして定義する関係の抽象的な集合である。オートポイエーシスは、システムのクラスの記述、すなわち、このクラスを定義する組織の記述である。具体的なオートポイエーシス・システムは多様な構造のもとで具現化されうるし、ある所与の構造は複数のクラスの組織に属することもありうる。……また、組織が変化しない場合であっても、構造は時間とともに変化するのである。（Di Paolo, Thompson, & Beer 2022: 12）

組織と構造は異なった二種類のホメオスタシスを意味する。自由エネルギー原理ではホメオスタシスは構造（システムの構造的統合性）を意味するが、オートポイエーシス理論ではホメオスタシスは組織を意味する。オートポイエーシス・システムではシステム自身の産出条件を刷新するためにプロセスが変容を経験するのに対して、自由エネルギー原理システムでは、最初の事象の後で刷新が生じることはなく、システムが単に持続する。「システムの構成要素は単にそこに仮定されているだけで、どのような意味でシステムの構成要素が……システム内の他のプロセスによって生み出されるのかは不透明である」(Di Paolo, Thompson, & Beer 2022: 13)。それゆえ、自由エネルギー原理システムがオートポイエーシス・システムと同一視されれば混乱が生じるのである。

ディ・パオロ、トンプソン、ビアー (Di Paolo, Thompson, & Beer 2022) はまた、エナクティブ・システムの履歴（その「歴史性」）が重要であるとも記している。この最後の点を彼らはより一般的な仕方で、脳のダイナミクスの概念（予測的処理における階層的コンパレータ対「刺激処理という最も基本的な神経科学のシナリオの「においてさえ見られる」履歴依存性」というエナクティブな概念）を比較する観点で論じている。この点は、発達、可塑性、スキル獲得、習慣形成、認知的柔軟性および創造性の能力の理解にとっても示唆を含んでいる。

実際、理論的な通約不可能性を実用的な観点から現実化するひとつの方法は、創造性、新規性、または即興の事例について考えることである。この点で、フィリップ・シュヴァーテンベックらは正しいやり方でこの問いを言語化している。

> 「予測的モデルにおける」主な狙いが、遭遇する状態と結果に対するサプライズを最小化することにあるとすれば、新規性の探索、探検、さらには芸術・音楽・詩作・ユーモアといった高次の希求

に見られる複雑な人間行動をどのように説明することができるのだろうか。（Schwartenbeck et al. 2013: n.p.）

ただし、シュヴァーテンベックらは、芸術・音楽・詩作・ユーモアではなく経済的な意思決定に焦点を当てながら、予測的有効性を最も高く備えていると見られる固定された目標状態への代案を探索する作業について説明している。シュヴァーテンベックらを参照しつつ、アンディ・クラーク（Clark 2018）はこの問題に直接言及している。シュヴァーテンベックらが認めているのと同様に、自由エネルギー原理は、固定した目標によって定義されない創造的、新規的、あるいは即興的な行為について十分な説明を提供しないというのである。

予測誤差を最小化するこれらのエージェントは、遊戯、探検、新しい経験の模索に向かって、せいぜい手段としてそれを求める控えめな傾向を示すに過ぎない。予測誤差を最小化するこれらのエージェントは、その指導原理がある面では受け入れ難いほど保守的な情報理論の旅の中に閉じ込められているようにも見える。この旅は、成功だったとしても、それを記録するのは期待された目標とメタ目標の達成だけなのである。（Clark 2018: 528）

これと同様に、すでに指摘した通り、エナクティブなプロセスは義務的行為——コンスタント、クラーク、フリストン（Constant, Clark, & Friston 2021）によると、非思考的または自動的で、規範的に導かれる行為として特徴づけられる――の概念によって十分に取り込むことができない。彼らが理解しているところの義務的行為は、明らかに革新や即興をもたらすものではない（Gallagher 2022）。
創造性を説明しようとして、クラークは環境と文化の要因に訴えている――「文化、技術、および言語形式の交換から成る、生態学的に見てユニークで、自己設計された文脈がある」。加えて、クラーク自身も認めているように、これらの要因は創造性と新規性を制約するものでもある。

熟達したピアニストは複雑なメロディと運動レパートリーの観点から、熟達した数学者は数、定理、その他の要素の間に見られる性質と関係性の観点から、予測誤差を減少させることを学んだのである。だが、彼らがその中で活躍する音楽や数学の伝統は、書くこと、反省すること、拡散すること、査読することといった文化的諸力の操作を反映している。（Clark 2018: 531）

もっとも、クラークはどちらの場合もありうると論じている。すなわち、環境的および文化的実践は、創造性を制約することも（何らかの仕方で）可能にすることもある。残る問いは、創造性を可能にするとき実践がどのように機能するかということである。[9] そして、まるで合図をするかのように彼は示唆する――「この強力な効果は、予測的処理に共感する「エナクティビスト」によってさらに探究されるのである。例えば、リートフェルトとキヴァーシュタイン（Rietveld & Kiverstein 2014）、ブリュインバーグら（Bruineberg et al. 2018）、ギャラガーら（Gallagher et al. 2013）がある」（Clark 2018: 531）。この指摘はまさに正しいものと思われる。実際、身体性、情動性、環境とのカップリングに焦点を当てると、私たちは予測的処理から遠ざかり、よりエナクティブな説明に近づくことになる。これは、ディ・パオロ、トンプソン、ビアーによって繰り返されていた点である。

〔それゆえ〕スキルのレベルにおける発達の瞬間のような現象は、ダイナミカルな構成（新たな制約条件、創発するパラメータ、値が変わる変数の集合）における変化を示す。変わりつつあるダイナミカルな構成にともなう変動性は、運動的創造性の起源と考えられてきた……歴史的変化についての説明なしでは、この考え方そのものが問題含みのものとみなされてしまう。（Di Paolo, Thompson, & Beer 2022: 23）

運動的創造性は、例えばパフォーミングアーツにおいては本質的なものであるが、エージェントの履歴とスキルを反映する。エナクティブな見方によると、パフォーマーは十分鍛えられたスキルとよく形成された習慣（これらは自動性と反復性よりも注意深い柔軟性をともなう）に基づき、コントロールされた関与を超えて、正確には何が起こるか知ることのない地点まで（一種の不確実性や驚きを受け止めつつ）移行することができる。その際、次に何が起こるか予測することなく、自らのシステム（脳‐身体‐環境）を予測不能かつ驚くべき仕方で動くに任せるのである。エナクティブに見れば、次の瞬間に起こることは、新しい仕方での脳‐身体‐環境のカップリングである――それは力を合わせて予測不可能な何かを実現する――各事象にユニークな皮質のパターン、行動、新しいアフォーダンスを創造するのである。

（8）フリストン（Friston 2013）を参照。自由エネルギー原理によると、自己組織的な有機体は、「つねに変化しつつある環境に向かいつつも自らの状態と形態を維持する」（Friston 2010）目的のため、熱力学第二法則が示唆するエントロピーという自然の傾向に抵抗する。キルヒホフとフローゼ（Kirchhoff & Froese 2017: 1）は次のように自由エネルギー原理を特徴づける――「予想される生物的および認知的状態において自己自身を維持するために有機体は行為する。……自由エネルギーの長期平均はエントロピーであるため、有機体がそのように行為できるとすると、それは自由エネルギーを最小化することによってのみである」。

（9）マイケル・ウィーラー（Wheeler 2018）は、3E認知（身体性、埋め込み、拡張性）に基づいて、この問いに対して洞察あふれる答えを提示している。彼の答えは、創造性が培われる際に認知ニッチと外部の文脈が果たす役割を強調するものである。彼は予測的処理にもエナクティビズムにも言及はしていないが、彼の説明はエナクティビズムの見方と完全に一致すると言える。

第8章

結語
いくつかの実用的な含意と応用

近年になって、芸術における創造性と即興パフォーマンスの研究は、4E認知を支持するアプローチによって再定義されつつある。これには、音楽（Høffding 2019; Krueger 2014; Ryan & Gallagher 2020; Schiavio & Høffding 2015; Van Der Schyff et al. 2018）、ダンス（He & Ravn 2018; Merritt 2015; Ravn 2016; Ravn & Høffding 2021）、演劇と映画（Gallagher & Gallagher 2020; Gallese & Guerra 2012; Sutton & Tribble 2011; Tribble 2011）の研究が含まれる。ただし、パフォーマンス研究は身体性認知の影響が見られる分野のひとつに過ぎない。結論として、身体性認知アプローチが出現しまたは重大な影響を与えたその他の分野（認知科学を超えて）を手短かに紹介しておこう。

教育の分野においては全般的な介入が見られる（Hutto & Abrahamson 2022; Skulmowski & Rey 2018は良い展望論文となっている）。また、例えば、バーチャルリアリティの使用や、科学概念の学習における全身の没入に関して、特定の仕方での介入も見られる（Gallagher & Lindgren 2015）。同様に、言語学習（Aden & Eschenauer 2020）や数学教育（Abrahamson & Sánchez-García 2016; Hutto, Kirchhoff, & Abrahamson 2015; Soto-Andrade 2018）の支援についての研究がある。

文学および人文学：この領域では、近年の国際会議や、身体性認知・分散認知・歴史的文献研究に関する書籍に後押しされ、研究がますます広がりつつある（Anderson 2015; Anderson, Wheeler, & Sprevak 2019; Cave 2017）。

建築：空間の再組織化は、構築された環境の建築構造を客観的に測定するだけで捉えられるものではなく、生きられた身体を変調する仕方や空間が経験される仕方によっても捉えられる。マーク・ジョンソンが記しているように、建築と身体化された行為に関して「私たちは、物理的でも文化的でもあるような環境との進行形の相互作用を通じて、相互作用の中に生きている。私たちが構築する構造は、私たちが遂行する機能へと緩やかに適合する。……〔私たちは〕、自分たちの生における意味を拡大するため、より深く豊かな経験の可能性を開くべく環境を秩序づけるのである」（Johnson 2015: 33; 例えば、Jäger, Schnädelbach, & Hale 2016; Jelić et al. 2016; Rietveld & Brouwers 2017 も参照）。

経済学：経済的推論への身体性アプローチでは拡張した心仮説（Clark 1996）が利用されており、制度派経済学の文脈では、認知的制度の機能についてエナクティブで拡張した見方が利用されている（Gallagher, Mastrogiorgio, & Petracca 2019; Oullier & Basso 2010; Petracca 2021; Petracca & Gallagher 2020）。

精神医学と臨床的推論（clinical reasoning）：身体性およびエナクティブ・アプローチは、社会的および文化的なものまで含めて、さまざまなパターンの精神医学的障害につながる各種のプロセスと要因を強調する（de Haan 2020; Gallagher 2023）。これらのアプローチは心理療法の実践に対して示唆を与えるものでもある（Fuchs & Röhricht 2017; Hutto & Gallagher 2017; Koch, Caldwell, & Fuchs 2013; Röhricht et al. 2014）。

医学および理学療法：身体性認知は、理学療法の文脈における臨床的推論を再考することに貢献する（Halák & Kříž 2022; Øberg, Normann, & Gallagher 2015）。また、医学実践と医学教育において、有機体と環境のカップリングの重要性を強調する。

これらすべての分野において、身体性認知は既存のパラダイムに挑戦する傾向を有する。以上の応用は、身体性認知理論の実践面での含意を整理するうえで役立つものであり、身体性認知の観点からしても、４Ｅ理論の今日の発展に対して再び示唆を与えるものになる。

訳者あとがき

本書は、Shaun Gallagher (2023). *Embodied and Enactive Approaches to Cognition*. Cambridge, UK: Cambridge University Press. を翻訳したものである。

訳者は二〇〇五年に出版された *How the Body Shapes the Mind* (Oxford University Press) を読んでショーン・ギャラガーの思考の面白さに触発されて以来、かれこれ二〇年近く折に触れて彼の論文や著作を読んできた(それでも無数にある仕事の一部しかフォローできていない)。この間、彼を日本に招聘するのに関わったこともあるし、国際会議やその他の場所で彼と議論した経験も多い。二〇二一年にはそうしたコラボレーションのまとめとして、*Body Schema and Body Image: New Directions* (Oxford University Press) を彼と共同編集し出版する機会にも恵まれた。

ギャラガーの著作や論文から多くの刺激を受けてきた者の一人として、その仕事を邦訳して日本の読者に紹介したいと以前から思っていた。ただ、冒頭の導入でも述べた通り、彼の著作は参照先の文献がきわめて多く、邦訳に当たってそれらの文献を合わせて検討していると膨大な時間がかかって最後まで訳出できないのが目に見えている。本書のようにコンパクトな著作だからこそ、そうした確認作業を行いつつも、翻訳を比較的スムーズに終えることができた次第である。

また、こうした経緯とは別に、ギャラガー以外にもさまざまな研究者が展開している身体性認知とエナクティビズムについて、日本語で読める入門書があればと以前から感じてもいた。身体性については日本でも質の高い研究がさまざまなされているが、エナクティビズムについてはいまだ十分に知られていない。そう思っていた矢先、ギャラガー自身がエナクティブ認知だけでなく4E認知まで合わせて簡潔に要約した本書を刊行してくれた。これは翻訳すべきだと即座に思い立ち、東京大学出版会の木村素明氏に相談し、出版の機会をいただくことになった。木村氏にはこの場を借りて深くお礼申し上げたい。

ギャラガーの単著として日本語で読めるものは本書が初めてとなる。本書を入口にして、ぜひ彼の他の著作にも触れていただければ訳者としては幸甚である。

田中彰吾

二〇二四年一一月

引用文献

Abrahamson, D. & Sánchez-García, R. (2016). Learning is moving in new ways: The ecological dynamics of mathematics education. *Journal of the Learning Sciences*, 25(2), 203–239.

Adams, F. & Aizawa, K. (2001). The bounds of cognition. *Philosophical Psychology*, 14(1), 43–64.

Adams, F. & Aizawa, K. (2010). Defending the bounds of cognition. In R. Menary (ed.), *The Extended Mind*. Cambridge, MA: MIT Press, pp. 67–80.

Aden, J. & Eschenauer, S. (2020). Translanguaging: An enactive-performative approach to language education. In E. Moore, J. Bradley, & J. Simpson (eds.), *Translanguaging as Transformation: The Collaborative Construction of New Linguistic Realities*. Berlin: De Gruyter, pp. 102–117.

Aizawa, K. (2007). Understanding the embodiment of perception. *The Journal of Philosophy*, 104(1), 5–25.

Aizawa, K. (2014). The enactivist revolution. *Avant*, (5)2, 1–24. DOI: http://doi .org/10.12849/50202014.0109.0002.

Akins, K. (1996). Of sensory systems and the "aboutness" of mental states. *The Journal of Philosophy*, 93(7), 337–372.

Allen, M. & Friston, K. J. (2018). From cognitivism to autopoiesis: Towards a computational framework for the embodied mind. *Synthese*, 195(6), 2459–2482.

Alsmith, A. J. T. & de Vignemont, F. (2012). Embodying the mind and representing the body. *Review of Philosophy and Psychology*, 3(1), 1–13.

Alviar, C., Kello, C. T., & Dale, R. (2023). Multimodal coordination and pragmatic modes in conversation. *Language Sciences* 97, 101524. DOI: https://doi.org/10.1016/j.langsci.2022.101524.

Anderson, M. (2015). *The Renaissance Extended Mind*. London: Palgrave Macmillan. London

Anderson, M., Wheeler, M., & Sprevak, M. (2019). Distributed cognition and the humanities. In M. Anderson, D. Cairns,

& M. Sprevak (eds.), *Distributed Cognition in Medieval and Renaissance Culture*. Edinburgh: Edinburgh University Press, pp. 1–17.

Anderson, M. L. (2010). Neural reuse: A fundamental organizational principle of the brain. *Behavioral and Brain Sciences*, 33(4), 245–266.

Andres, M., Seron, X., & Olivier, E. (2007). Contribution of hand motor circuits to counting. *Journal of Cognitive Neuroscience*, 19(4), 563–576.

Astington, J. (1990). Narrative and the child's theory of mind. In B. K. Britton & D. Pellegrini (eds.), *Narrative Thought and Narrative Language*. Hillsdale, NJ: Erlbaum, pp. 151–171.

Baillargeon, R., Scott, R. M., & Bian, L. (2016). Psychological reasoning in infancy. *Annual Review of Psychology*, 67, 159–186.

Baron-Cohen, S. (1997). *Mindblindness: An Essay on Autism and Theory of Mind*. Cambridge, MA: MIT Press. (『自閉症とマインド・ブラインドネス』（長野敬・長畑正道・今野義孝訳）青土社，二〇〇二年)

Barsalou, L. W. (1999). Perceptual symbol systems. *Behavioral and Brain Sciences*, 22, 577–660.

Barsalou, L. W. (2008). Grounded cognition. *Annual Review of Psychology*, 59, 617–645.

Bechtel, W. & Huang, L. T. L. (2022). *Philosophy of Neuroscience*. Cambridge: Cambridge University Press.

Beer, R. (2000). Dynamical approaches to cognitive science. *Trends in Cognitive Sciences*, 4, 91–99.

Berlucchi, G. & Aglioti, S. M. (2010). The body in the brain revisited. *Experimental Brain Research*, 200(1), 25–35.

Berthoz, A. (2000). *The Brain's Sense of Movement*. Cambridge, MA: Harvard University Press.

Block, N. (2005). Review of Alva Noe: Action in Perception. *Journal of Philosophy*, 102(5), 259–272.

Bower, M. & Gallagher, S. (2013). Bodily affectivity: Prenoetic elements in enactive perception. *Phenomenology and Mind*, 2, 108–131.

Bredo, E. (1994). Reconstructing educational psychology: Situated cognition and Deweyan pragmatism. *Educational Psychologist*, 29, 23–35.

Brooks, R. (1991). Intelligence without representation. *Artificial Intelligence*, 47, 139–159.

Bruineberg, J., Kiverstein, J., & Rietveld, E. (2018). The anticipating brain is not a scientist: The free-energy principle from an ecological-enactive perspective. *Synthese*, 195(6), 2417–2444.

Burge, T. (2010). Origins of perception. Paper presented as the First 2010 Jean Nicod Prize Lecture, Paris, June 14, 2010.

Buttelmann, D., Carpenter, M., & Tomasello, M. (2009). Eighteen-month-old infants show false belief understanding in an active helping paradigm. *Cognition*, 112(2), 337–342.

Caligiuri, M. P. & Ellwanger, J. (2000). Motor and cognitive aspects of motor retardation in depression. *Journal of Affective Disorders*, 57(1–3), 83–93.

Carruthers, P. (2013). Mindreading in infancy. Mind & Language, 28(2), 141–172.

Casasanto, D. & Dijkstra, K. (2010). Motor action and emotional memory. *Cognition*, 115(1), 179–185.

Cash, M. (2013). Cognition without borders: "Third wave" socially distributed cognition and relational autonomy. *Cognitive Systems Research*, 25–26, 61–71.

Cave, T. (2017). Situated cognition: The literary archive. *Poetics Today*, 38(2), 235–253.

Chemero, A. (2001). Dynamical explanation and mental representations. *Trends in Cognitive Sciences*, 5(4), 141–142.

Chemero, A. (2009). *Radical Embodied Cognitive Science*. Cambridge, MA: MIT Press.

Chen, S. & Bargh, J. A. (1999). Consequences of automatic evaluation: Immediate behavior predispositions to approach or avoid the stimulus. *Personality and Social Psychology Bulletin*, 25, 215–224.

Chiel, H. & Beer, R. (1997). The brain has a body: Adaptive behavior emerges from interactions of nervous system, body and environment. *Trends in Neuroscience*, 20, 553–557.

Chomsky, N. (1995). Language and nature. *Mind*, 104, 1–61.

Churchland, P. S., Ramachandran, V. S., & Sejnowski, T. J. (1994). A critique of pure vision. In C. Koch & J. L. Davis (eds.), *Large-Scale Neuronal Theories of the Brain*. Cambridge, MA: MIT Press.

Cisek, P. & Kalaska, J. F. (2010). Neural mechanisms for interacting with a world full of action choices. *Annual Review of Neuroscience*, 33, 269–298.

Clapin, H. (2002). *The Philosophy of Mental Representation*. Oxford: Oxford University Press.

Clark, A. (1996). Economic reason: The interplay of individual learning and external structure. In J. Drobak & J. Nye (eds.), *The Frontiers of the New Institutional Economics*. Bingley: Emerald Group Academic Publishers, pp. 269–270.

Clark, A. (1997). *Being There*. Cambridge, MA: MIT Press.（『現れる存在——脳と身体と世界の再統合』（池上高志・森本元太郎訳）早川書房，二〇一二年）

Clark, A. (1999). An embodied cognitive science? *Trends in Cognitive Sciences*, 3(9), 345–351.

Clark, A. (2008a). *Supersizing the Mind: Reflections on Embodiment, Action, and Cognitive Extension*. Oxford: Oxford University Press.

Clark, A. (2008b). Pressing the flesh: A tension on the study of the embodied, embedded mind. *Philosophy and Phenomenological Research*, 76, 37–59.

Clark, A. (2010a). Memento's revenge: The extended mind, extended. In R. Menary (ed.), *The Extended Mind*. Cambridge, MA: MIT Press, pp. 43–66.

Clark, A. (2010b). Coupling, constitution, and the cognitive kind: A reply to Adams and Aizaway. In R. Menary (ed.), *The Extended Mind*. Cambridge, MA: MIT Press, pp. 81–100.

Clark, A. (2013). Whatever next? Predictive brains, situated agents, and the future of cognitive science. *Behavioral and*

Brain Sciences, 36(3), 181–204.
Clark, A. (2015). Radical predictive processing. *The Southern Journal of Philosophy*, 53(S1), 3–27.
Clark, A. (2016). *Surfing uncertainty: Prediction, Action, and the Embodied Mind*. Oxford: Oxford University Press.
Clark, A. (2018). A nice surprise? Predictive processing and the active pursuit of novelty. *Phenomenology and the Cognitive Sciences*, 17(3), 521–534.
Clark, A. & Chalmers, D. (1998). The extended mind. *Analysis*, 58(1), 7–19.
Clark, A. & Grush, R. (1999). Towards a cognitive robotics. *Adaptive Behavior*, 7(1), 5–16.
Clark, A. & Toribio, J. (1994). Doing without representing? *Synthese*, 101(3), 401–431.
Clowes, R. W. & Mendonça, D. (2016). Representation redux: Is there still a useful role for representation to play in the context of embodied, dynamicist and situated theories of mind? *New Ideas in Psychology*, 40, 26–47.
Colombetti, G. (2014). *The Feeling Body: Affective Science Meets the Enactive Mind*. Cambridge, MA: MIT Press.
Constant, A., Clark, A., & Friston, K. J. (2021). Representation wars: Enacting an armistice through active inference. *Frontiers in Psychology*, 11, 3798.
Cosmelli, D. & Thompson, E. (2007). Embodiment or envatment? Reflections on the bodily basis of consciousness. In J. Stewart, O. Gapenne, & E. di Paolo (eds.), *Enaction: Towards a New Paradigm for Cognitive Science*. Cambridge, MA: MIT Press, pp. 361–386.
Costa-Cordella, S., Reardon, E., & Parada, F. J. (2022). Towards a 4E perspective curricula for health and medical education. *PsyArXiv*, January 31, 2022. arXiv: http://doi.org/10.31234/osf.io/p2nqm.
Crane, T. (2008). Is perception a propositional attitude? *The Philosophical Quarterly*, 59(236), 452–469.
Craver, C. F. (2007). *Explaining the Brain: Mechanisms and the Mosaic Unity of Neuroscience*. New York: Oxford University Press.

Craver, C. F. & Bechtel, W. (2007). Top-down causation without top-down causes. *Biology and Philosophy*, 22, 547–563.

Csibra, G. & Gergely, G. (2009). Natural pedagogy. *Trends in Cognitive Sciences*, 13, 148–153.

Dale, R., Dietrich, E., & Chemero, A. (2009). Explanatory pluralism in cognitive science. *Cognitive Science*, 33(5), 739–742.

Damasio, A. (1994). *Descartes' Error: Emotion, Reason, and the Human Brain*. New York: G. P. Putnam.（『デカルトの誤り――情動、理性、人間の脳』（田中三彦訳）ちくま学芸文庫、二〇一〇年）

Danziger, S., Levav, J., & Avnaim-Pesso, L. (2011). Extraneous factors in judicial decisions. *Proceedings of the National Academy of Sciences*, 108(17), 6889–6892.

Degenaar, J. & O'Regan, J. K. (2017). Sensorimotor theory and enactivism. *Topoi*, 36(3), 393–407.

de Haan, S. (2020). *Enactive Psychiatry*. Cambridge: Cambridge University Press.

De Jaegher, H. & Di Paolo, E. (2007). Participatory sense-making: An enactive approach to social cognition. *Phenomenology and the Cognitive Sciences*, 6, 485–507.

De Jaegher, H., Di Paolo, E., & Gallagher, S. (2010). Can social interaction constitute social cognition? *Trends in Cognitive Sciences*, 14(10), 441–447.

Dennett, D. (1969). *Content and Consciousness*. London: Routledge.

Dewey, J. (1916). *Essays in Experimental Logic*. Chicago: University of Chicago Press.

Di Paolo, E. A. (2005). Autopoiesis, adaptivity, teleology, agency. *Phenomenology and the Cognitive Sciences*, 4, 97–125.

Di Paolo, E. A., Rohde, M., & De Jaegher, H. (2007). Horizons for the enactive mind: Values, social interaction, and play. In J. Stewart, O. Gapenne, & E. Di Paolo (eds.), *Enaction: Towards a New Paradigm for Cognitive Science*. Cambridge, MA: MIT Press, pp. 33–88.

Di Paolo, E., Thompson, E., & Beer, R. (2022). Laying down a forking path: Tensions between enaction and the free energy principle. *Philosophy and the Mind Sciences*, 3(2), 1–39.

Dreyfus, H. L. (ed.) (1982). *Husserl, Intentionality, and Cognitive Science*. Cambridge, MA: MIT Press.

Dumas, G., Kelso, J. A., & Nadel, J. (2014). Tackling the social cognition paradox through multi-scale approaches. *Frontiers in Psychology*, 5, 882.

Dunn, J. (1991). Understanding others: Evidence from naturalistic studies of children. In A. Whiten (ed.), *Natural Theories of Mind: Evolution, Development and Simulation of Everyday Mindreading*. Oxford: Basil Blackwell, pp. 51–61.

Egan, F. (2014). How to think about mental content. *Philosophical Studies*, 170, 115–135.

Feldman, C. F., Bruner, J., Renderer, B., & Spitzer, S. (1990). Narrative comprehension. In B. K. Britton & A. D. Pellegrini (eds.), *Narrative Thought and Narrative Language*. Hillsdale, NJ: Lawrence Erlbaum Associates, pp. 1–78.

Findlay, J. M. & Gilchrist, I. D. (2003) *Active Vision: The Psychology of Looking and Seeing*. Oxford: Oxford University Press.

Fink, P. W., Foo, P. S., & Warren, W. H. (2009). Catching fly balls in virtual reality: A critical test of the outfielder problem. *Journal of Vision*, 9(13), 1–8.

Fiore, S. M., Salas, E., Cuevas, H. M., & Bowers, C. A. (2003). Distributed coordination space: Toward a theory of distributed team process and performance. *Theoretical Issues in Ergonomics Science*, 4(3–4), 340–364.

Fodor, J. A. (2008). *LOT 2: The Language of Thought Revisited*. Oxford: Oxford University Press.

Fogel, A. & Thelen, E. (1987). Development of early expressive and communicative action: Reinterpreting the evidence from a dynamic systems perspective. *Developmental Psychology*, 23(6), 747.

Friston, K. (2010). The free-energy principle: a unified brain theory? *Nature Reviews Neuroscience*, 11(2), 127–138.

Friston, K. (2013). Life as we know it. *Journal of the Royal Society Interface*, 10(86), 20130475.

Friston, K., Mattout, J., & Kilner, J. (2011). Action understanding and active inference. *Biological Cybernetics*, 104 (1–2), 137–160.

Fritzman, J. M. & Thornburg, K. (2016). "I is someone else": Constituting the extended mind's fourth wave, with Hegel. *Essays in Philosophy*, 17(2), 156–190.

Fuchs, T. & Röhricht, F. (2017). Schizophrenia and intersubjectivity: An embodied and enactive approach to psychopathology and psychotherapy. *Philosophy, Psychiatry, & Psychology*, 24(2), 127–142.

Gallagher, S. (2005a). *How the Body Shapes the Mind*. Oxford: Oxford University Press.

Gallagher, S. (2005b). Metzinger's matrix: Living the virtual life with a real body. *Psyche*, 11(5), 1–9.

Gallagher, S. (2013). The socially extended mind. *Cognitive Systems Research*, 25, 4–12.

Gallagher, S. (2017). *Enactivist Interventions: Rethinking the Mind*. Oxford: Oxford University Press.

Gallagher, S. (2020). *Action and Interaction*. Oxford: Oxford University Press.

Gallagher, S. (2021). *Performance/Art: The Venetian Lectures*. Milan: Mimesis International Edizioni.

Gallagher, S. (2022). Surprise! Why enactivism and predictive processing are parting ways: The case of improvisation. *Possibility Studies and Society*. DOI: https://doi.org/10.1177/27538699221132691.

Gallagher, S. (2023). *The Self and Its Disorders*. Oxford: Oxford University Press.

Gallagher, S. & Allen, M. (2018). Active inference, enactivism and the hermen- eutics of social cognition. *Synthese*, 195 (6), 2627–2648.

Gallagher, S. & Gallagher, J. (2020). Acting oneself as another: An actor's empathy for her character. *Topoi*, 39(4), 779–790.

Gallagher, S. & Hutto, D. (2008). Understanding others through primary interaction and narrative practice. In J. Zlatev, T. Racine, C. Sinha, & E. Itkonen (eds.), *The Shared Mind: Perspectives on Intersubjectivity*. Amsterdam: John Benjamins, pp. 17–38.

Gallagher, S., Hutto, D., Slaby, J., & Cole, J. (2013). The brain as part of an enactive system (commentary). *Behavioral and Brain Sciences*, 36(4), 421–422.

Gallagher, S. & Lindgren, R. (2015). Enactive metaphors: Learning through full-body engagement. *Educational Psychology Review*, 27(3), 391–404.

Gallagher, S., Mastrogiorgio, A., & Petracca, E. (2019). Economic reasoning and interaction in socially extended market institutions. *Frontiers in Psychology*, 10, 1856. DOI: https://doi.org/10.3389/fpsyg.2019.01856.

Gallagher, S., Varga, S., & Sparaci, L. (2022). Disruptions of the meshed architecture in Autism Spectrum Disorder. *Psychoanalytic Inquiry*, 42(1), 76–95.

Gallese, V. & Guerra, M. (2012). Embodying movies: Embodied simulation and film studies. *Cinema: Journal of Philosophy and the Moving Image*, 3, 183–210.

Gangopadhyay, N. & Kiverstein, J. (2009). Enactivism and the unity of perception and action. *Topoi*, 28, 63–73.

Garfield, J. L., Peterson, C. C., & Perry T. (2001). Social cognition, language acquisition and the development of the theory of mind. *Mind and Language*, 16, 494–541.

Garfinkel, S., Minati, L., Gray, M. A. et al. (2014). Fear from the heart: Sensitivity to fear stimuli depends on individual heartbeats. *The Journal of Neuroscience*, 34(19), 6573–6582.

Gibson, J. J. (1979). *The Ecological Approach to Visual Perception*. London: Psychology Press. (『生態学的視覚論――ヒトの知覚世界を探る』(古崎敬・古崎愛子・辻敬一郎・村瀬旻訳) サイエンス社、一九八六年)

Glenberg, A. M. (2010). Embodiment as a unifying perspective for psychology. *Wiley Interdisciplinary Reviews: Cognitive Science*, 1(4), 586–596.

Glenberg, A. M. & Kaschak, M. P. (2002). Grounding language in action. *Psychonomic Bulletin & Review*, 9, 558–565.

Goldman, A. I. (2012). A moderate approach to embodied cognitive science. *Review of Philosophy and Psychology*, 3(1), 71–88.

Goldman, A. I. (2014). The bodily formats approach to embodied cognition. In U. Kriegel (ed.), *Current Controversies in Philosophy of Mind*. New York and London: Routledge, pp. 91–108.

Goldman, A. I. & de Vignemont, F. (2009). Is social cognition embodied? *Trends in Cognitive Sciences*, 13(4), 154–159.

Goodwin, C. (2000). Action and embodiment within situated human interaction. *Journal of Pragmatics*, 32(10), 1489–1522.

Gopnik, A. & Meltzoff, A. N. (1997). *Words, Thoughts and Theories*. Cambridge, MA: MIT Press.

Guajardo, N. R. & Watson, A. (2002). Narrative discourse and theory of mind development. *The Journal of Genetic Psychology*, 163, 305–325.

Hafed, Z. M. & Krauzlis, R. J. (2006) Ongoing eye movements constrain visual perception. *Nature Neuroscience*, 9, 1449–1457.

Halák, J. & Kříž, P. (2022). Phenomenological physiotherapy: Extending the concept of bodily intentionality. *Medical Humanities*, 48(4). DOI: https://doi.org/10.1136/medhum-2021-012300.

Halverson, C. A. (1995). Inside the cognitive workplace: New technology and air traffic control. (Doctoral dissertation, University of California, San Diego.)

Haugeland, J. (1991). Representational genera. In W. Ramsey, D. E. Rumelhart, & S. P. Stich, (eds.), *Philosophy and Connectionist Theory*. Hillsdale, NJ: Lawrence Erlbaum Associates, pp. 61–90.

Haugeland, J. (1995). Mind embodied and embedded. In Y.-H. Houng & J.-C. Ho (eds.), *Mind and Cognition*. Taipei: Academia Sinica.

He, J. & Ravn, S. (2018). Sharing the dance: On the reciprocity of movement in the case of elite sports dancers. *Phenomenology and the Cognitive Sciences*, 17(1), 99–116.

Heidegger, M. (1962). *Being and Time*, trans. J. Macquarrie & E. Robinson. New York: Harper and Row. (『存在と時間（一）〜(四)』（熊野純彦訳）岩波文庫、二〇一三年)

Helmholtz, H. (1962/1867). *Treatise on Physiological Optics*, 3rd ed., Vol. III, trans. J. Southall. New York: Dover.

Hobson, P. (2002). *The Cradle of Thought*. London: Macmillan.

Høffding, S. (2019). *A Phenomenology of Musical Absorption*. London: Palgrave Macmillan.

Hohwy, J. (2013). *The Predictive Mind*. Oxford: Oxford University Press.

Hohwy, J. (2016). The self-evidencing brain. *Nous*, 50(2), 259–285.

Hohwy, J., Roepstorff, A., & Friston, K. (2008). Predictive coding explains binocular rivalry: An epistemological review. *Cognition*, 108(3), 687–701.

Hurley, S. (1998). *Consciousness in Action*. Cambridge, MA: Harvard University Press.

Hurley, S. (2010). The varieties of externalism. In R. Menary (ed.), *The Extended Mind*. Cambridge, MA: MIT Press, pp. 101–153.

Husserl, E. (1989). *Ideas Pertaining to a Pure Phenomenology and to a Phenomenological Philosophy – Second Book: Studies in the Phenomenology of Constitution*, trans. R. Rojcewicz & A. Schuwer. Dordrecht: Kluwer Academic. (『イデーンII』（１：立松弘孝・別所良美訳、２：立松弘孝・榊原哲也訳）みすず書房、二〇〇一年・二〇〇九年)

Hutchins, E. (1995a). *Cognition in the Wild*. Cambridge, MA: MIT Press.

Hutchins, E. (1995b). How a cockpit remembers its speeds. *Cognitive Science*, 19(3), 265–288.

Hutchins, E. (2000). Distributed cognition. In M. J. Smelzer & P. B. Baltes (eds.), *International Encyclopedia of the So-*

cial and Behavioral Sciences. Amsterdam: Elsevier Science. https://arl.human.cornell.edu/linked%20docs/Hutchins_Distributed_Cognition.pdf.

Hutto, D. D. (2005) Knowing what? Radical versus conservative enactivism. *Phenomenology and the Cognitive Sciences*, 4(4), 389–405.

Hutto, D. D. (2007). The narrative practice hypothesis. In D. D. Hutto (ed.), *Narrative and Understanding Persons*, Royal Institute of Philosophy Supplement. Cambridge: Cambridge University Press, pp. 43–68.

Hutto, D. D. (2015). Overly enactive imagination? Radically re-imagining imagining. *The Southern Journal of Philosophy*, 53, 68–89.

Hutto, D. D. & Abrahamson, D. (2022). Embodied, enactive education. In S. L. Macrine & J. Fugate (eds.), *Movement Matters: How Embodied Cognition Informs Teaching and Learning*. Cambridge, MA: MIT Press, pp. 39–54.

Hutto, D. D. & Gallagher, S. (2017). Re-authoring narrative therapy: Improving our self-management tools. *Philosophy, Psychiatry, & Psychology*, 24(2), 157–167.

Hutto, D. D., Kirchhoff, M. D., & Abrahamson, D. (2015). The enactive roots of STEM: Rethinking educational design in mathematics. *Educational Psychology Review*, 27(3), 371–389.

Hutto, D. D., & Myin, E. (2013). *Radicalizing Enactivism: Basic Minds without Content*. Cambridge, MA: MIT Press.

Hutto, D. D., & Myin, E. (2020). Deflating deflationism about mental representation. In J. Smortchkova, K. Dołrega, & T. Schlicht (eds.), *What Are Mental Representations?* Oxford: Oxford University Press, pp. 79–100.

Hutto, D. D. & Satne, G. (2015). The natural origins of content. *Philosophia*, 43(3), 521–536.

Jackendoff, R. (2002). *Foundations of Language: Brain, Meaning, Grammar, Evolution*. Oxford: Oxford University Press.

Jäger, N., Schnädelbach, H., & Hale, J. (2016). Embodied interactions with adaptive architecture. In N. Dalton, H.

Schnädelbach, M. Wiberg, & T. Varoudis (eds.), *Architecture and Interaction*. Cham: Springer, pp. 183–202.
Jelić, A., Tieri, G., De Matteis, F., Babiloni, F., & Vecchiato, G. (2016). The enactive approach to architectural experience: A neurophysiological perspective on embodiment, motivation, and affordances. *Frontiers in Psychology*, 7, 481.
Johnson, M. (1987). *The Body in the Mind: The Bodily Basis of Meaning, Imagination, and Reason*. Chicago: University of Chicago Press.
Johnson, M. (2015). The embodied meaning of architecture. In S. Robinson & J. Pallasmaa (eds.), *Mind in Architecture: Neuroscience, Embodiment, and the Future of Design*. Cambridge, MA: MIT Press, pp. 33–50.
Johnson, M. & Lakoff, G. (2002). Why cognitive linguistics requires embodied realism. *Cognitive Linguistics*, 13(3), 245–263.（『心のなかの身体』（菅野盾樹・中村雅之訳）紀伊國屋書店，二〇〇一年）
Kelso, J. A. S. (2009). Coordination dynamics. In R. A. Meyers (ed.), *Encyclopedia of Complexity and Systems Science*. Heidelberg: Springer, pp. 1537–1564. DOI: https://doi.org/10.1007/978-3-642-27737-5_101-3.
Kelso, J. A. S. (2014). Coordination dynamics and cognition. In K. Davids, R. Hristovski, D. Araújo D. et al. (eds.), *Routledge Research in Sport and Exercise Science. Complex Systems Sport*. London: Routledge/Taylor & Francis, pp. 18–43.
Kilner, J. M., Friston, K. J., & Frith, C. D. (2007). Predictive coding: An account of the mirror neuron system. *Cognitive Processing*, 8(3), 159–166.
Kirchhoff, M. D. (2012). Extended cognition and fixed properties: Steps to a third-wave version of extended cognition. *Phenomenology and the Cognitive Sciences*, 11, 287–308.
Kirchhoff, M. D. (2017). From mutual manipulation to cognitive extension: Challenges and implications. *Phenomenology and the Cognitive Sciences*, 16(5), 863–878.
Kirchhoff, M. D. (2018). Autopoiesis, free energy, and the life-mind continuity thesis. *Synthese*, 195(6), 2519–2540.

Kirchhoff, M. D. & Froese, T. (2017). Where there is life there is mind: In support of a strong life-mind continuity thesis. *Entropy*, 19(4), 169.

Kirsh, D. & Maglio, P. (1994). On distinguishing epistemic from pragmatic action. *Cognitive Science*, 18(4), 513–549.

Kiverstein, J. (2020). Free energy and the self: an ecological-enactive interpretation. *Topoi*, 39(3), 559–574.

Kiverstein, J. & Rietveld, E. (2021). Scaling-up skilled intentionality to linguistic thought. *Synthese*, 198, 175–194.

Knuuttila, T. & Voutilainen, A. (2003). A parser as an epistemic artifact: A material view on models. *Philosophy of Science*, 70(5), 1484–1495.

Koch, S. C., Caldwell, C., & Fuchs, T. (2013). On body memory and embodied therapy. *Body, Movement and Dance in Psychotherapy*, 8(2), 82–94.

Krickel, B. (2018). Saving the mutual manipulability account of constitutive relevance. *Studies in History and Philosophy of Science Part A*, 68, 58–67.

Krueger, J. (2014). Affordances and the musically extended mind. *Frontiers in Psychology*, 4, 1003.

Lakoff, G. & Johnson, M. (1999). *Philosophy in the Flesh: The Embodied Mind and Its Challenge to Western Thought*. New York: Basic Books.（『肉中の哲学——肉体を具有したマインドが西洋の思考に挑戦する』（計見一雄訳）哲学書房、二〇〇四年）

Lakoff, G. & Núñez, R. (2000). *Where Mathematics Comes From*. New York: Basic Books.

Leong, V. & Schilbach, L. (2019). The promise of two-person neuroscience for developmental psychiatry: Using interaction-based sociometrics to identify disorders of social interaction. *British Journal of Psychiatry*, 215(5), 636–638.

Lewes, G. H. (1879). The motor feelings and the muscular sense. In G. H. Lewes (ed.), *Problems of Life and Mind*. New York: Houghton, Mifflin and Company, pp. 312–328.

Lindgren, R. & Bolling, A. (2013). Assessing the learning effects of interactive body metaphors in a mixed reality science simulation. In *Annual Meeting of the American Educational Research Association, San Francisco, CA*. Washington, DC: The American Educational Research Association, pp. 177–180.

Lindgren, R. & Moshell, J. M. (2011). Supporting children's learning with body-based metaphors in a mixed reality environment. In *Proceedings of the 10th International Conference on Interaction Design and Children*, Ann Arbor, MI: ACM, pp. 177–180.

Malafouris, L. (2013). *How Things Shape the Mind*. Cambridge, MA: MIT Press.

Maturana, H. & Varela, F. (1980/1972). *Autopoiesis and Cognition: The Realization of the Living*. Dordrecht: D. Reidel.

Meltzoff, A. N., Ramírez, R. R., Saby, J. N. et al. (2018). Infant brain responses to felt and observed touch of hands and feet: An MEG study. *Developmental Science*, 21(5), e12651.

Menary, R. (2007). *Cognitive Integration: Mind and Cognition Unbounded*. Basingstoke: Palgrave Macmillan.

Menary, R. (ed.) (2010a). *The Extended Mind*. Cambridge, MA: MIT Press.

Menary, R. (2010b). Cognitive integration and the extended mind. In R. Menary (ed.), *The Extended Mind*. Cambridge, MA: MIT Press, pp. 227–243.

Menary, R. (2010c). Introduction to the special issue on 4E cognition. *Phenomenology and the Cognitive Sciences*, 9(4), 459–463.

Merleau-Ponty, M. (2012). *Phenomenology of Perception*, trans. D. Landes. London: Routledge.（『知覚の現象学』（中島盛夫訳）法政大学出版局、二〇一五年）

Merritt, M. (2015). Thinking-is-moving: Dance, agency, and a radically enactive mind. *Phenomenology and the Cognitive Sciences*, 14(1), 95–110.

Millikan, R. (1991). Perceptual content and Fregean myth. *Mind*, 100(4), 439–459.

Millikan, R. G. (1995). Pushmi-pullyu representations. *Philosophical Perspectives*, 9, 185–200.
Miyazono, K. (2017). Does functionalism entail extended mind? *Synthese*, 194(9), 3523–3541.
Murray, L. & Trevarthen, C. (1985). Emotional regulation of interactions between 2-month-olds and their mothers. In T. M. Field & N. A. Fox (eds.), *Social Perception in Infants*. Norwood, NJ: Ablex, pp. 177–197.
Natvik, E., Groven, K. S., Råheim, M., Gjengedal, E., & Gallagher, S. (2019). Space perception, movement, and insight: Attuning to the space of everyday life after major weight loss. *Physiotherapy Theory and Practice*, 35(2), 101–108.
Nelson, K. (2003). Narrative and the emergence of a consciousness of self. In G. D. Fireman, T. E. J. McVay, & O. Flanagan (eds.), *Narrative and Consciousness*. Oxford: Oxford University Press, pp. 17–36.
Nelson, K. (2007). *Young Minds in Social Worlds*. Cambridge, MA: Harvard University Press.
Newen, A., De Bruin, L., & Gallagher, S. (eds.). (2018). *Oxford Handbook of 4E-Cognition*. Oxford: Oxford University Press.
Noë, A. (2004). *Action in Perception*. Cambridge, MA: MIT Press.（『知覚のなかの行為』（門脇俊介・石原孝二訳）春秋社、二〇一〇年）
Øberg, G. K., Normann, B., & Gallagher, S. (2015). Embodied-enactive clinical reasoning in physical therapy. *Physiotherapy Theory and Practice*, 31(4), 244–252.
Onishi, K. H. & Baillargeon, R. (2005). Do 15-month-old infants understand false beliefs? *Science*, 308(5719), 255–258.
O'Regan, J. K. & Noë, A. (2001). A sensorimotor account of vision and visual consciousness. *Behavioral and Brain Sciences*, 24(5), 939–973.
Oullier, O. & Basso, F. (2010). Embodied economics: How bodily information shapes the social coordination dynamics

of decision-making. *Philosophical Transactions of the Royal Society B: Biological Sciences*, 365(1538), 291–301.

Palermos, S. O. (2014). Loops, constitution, and cognitive extension. *Cognitive Systems Research*, 27, 25–41.

Parr, T., Da Costa, L., & Friston, K. (2020). Markov blankets, information geometry and stochastic thermodynamics. *Philosophical Transactions of the Royal Society A*, 378(2164), 20190159.

Peirce, C. S. (1887). Logical machines. *American Journal of Psychology*, 1(1), 165–170.

Peirce, C. S. (1931–1935, 1958). *Collected Papers of C. S. Peirce*, eds. C. Hartshorne, P. Weiss, & A. Burks. Cambridge, MA: Harvard University Press (abbreviated: CP followed by the conventional "[volume].[page]" notation).

Peirce, C. S. (1958). *Collected Papers of C. S. Peirce. Vol 7*. ed. A. W. Burks. Cambridge, MA: Harvard University Press.

Perner, J. (1992). Grasping the concept of representation: Its impact on 4-year-olds' theory of mind and beyond. Human Development, 35(3), 146–155.

Perry, M. (2003). Distributed cognition. In J. Carroll (ed.), *HCI Models, Theories, and Frameworks: Toward a Multidisciplinary Science*. Amsterdam: Elsevier, pp. 193–223.

Petracca, E. (2021). Embodying bounded rationality: From embodied bounded rationality to embodied rationality. *Frontiers in Psychology*, 12, 710607.

Petracca, E. & Gallagher, S. (2020). Economic cognitive institutions. *Journal of Institutional Economics*, 16(6), 747–765.

Prinz, J. (2006). Putting the brakes on enactive perception. *Psyche*, 12, 1–19.

Prinz, J. (2009). Is consciousness embodied? In P. Robbins & M. Aydede (eds.), *Cambridge Handbook of Situated Cognition*. Cambridge: Cambridge University Press, pp. 419–437.

Proffitt, D. R. (2006). Embodied perception and the economy of action. *Perspectives on Psychological Science*, 1(2), 110–122.

Proffitt, D. R., Bhalla, M., Gossweiler, R., & Midgett, J. (1995). Perceiving geographical slant. *Psychonomic Bulletin & Review*, 2, 409–428.

Pulvermüller, F. (2005). Brain mechanisms linking language and action. *Nature Reviews Neuroscience*, 6(7), 576–582.

Ramsey, W. (2007). *Representation Reconsidered*. Cambridge: Cambridge University Press.

Ramsey, W. (2020). Defending representation realism. In J. Smortchkova, K. Dołrega, & T. Schlicht (eds.), *What Are Mental Representations?* Oxford: Oxford University Press, pp. 54–78.

Ramstead, M. J., Kirchhoff, M. D., Constant, A., & Friston, K. J. (2021). Multiscale integration: Beyond internalism and externalism. *Synthese*, 198(1), 41–70.

Ravn, S. (2016). Embodying interaction in Argentinean tango and sports dance. In T. DeFrantz & P. Rothfield (eds.), *Choreography and Corporeality: Relay in Motion*. London: Palgrave Macmillan pp. 119–134.

Ravn, S. & Høffding, S. (2021). Improvisation and thinking in movement: An enactivist analysis of agency in artistic practices. *Phenomenology and the Cognitive Sciences* 21, 515–537. DOI: https://doi.org/10.1007/s11097-021-09756-9.

Rietveld, E. & Brouwers, A. A. (2017). Optimal grip on affordances in architectural design practices: An ethnography. *Phenomenology and the Cognitive Sciences*, 16(3), 545–564.

Rietveld, E. & Kiverstein, J. (2014). A rich landscape of affordances. *Ecological Psychology*, 26(4), 325–352.

Robbins, P. & Aydede, M. (2009). A short primer on situated cognition. In P. Robbins & M. Aydede (eds.), *The Cambridge Handbook of Situated Cognition*. Cambridge, Cambridge University Press, pp. 1–16.

Rock, I. & Harris, C. S. (1967). Vision and touch. *Scientific American*, 216(5), 96–104.

Röhricht, F., Gallagher, S., Geuter, U., & Hutto, D. D. (2014). Embodied cognition and body psychotherapy: The construction of new therapeutic environments. *Sensoria: A Journal of Mind, Brain & Culture*, 10(1), n.p.

Roll, J-P. & Roll, R. (1988). From eye to foot: A proprioceptive chain involved in postural control. In G. Amblard, A.

Berthoz, & F. Clarac (eds.), *Posture and Gait: Development, Adaptation, and Modulation*. Amsterdam: Excerpta Medica, pp. 155–164.

Rolla, G. & Novaes, F. (2022). Ecological-enactive scientific cognition: Modeling and material engagement. *Phenomenology and the Cognitive Sciences*, 21(3), 625–643 DOI: https://doi.org/10.1007/s11097-020-09713-y.

Rowlands, M. (2006) *Body Language*. Cambridge, MA: MIT Press.

Rowlands, M. (2009). The extended mind. *Zygon*, 44(3), 628–641.

Rowlands, M. (2010). *The New Science of the Mind: From Extended Mind to Embodied Phenomenology*. Cambridge, MA: MIT Press.

Rubio-Fernández, P. & Geurts, B. (2013). How to pass the false-belief task before your fourth birthday. *Psychological Science*, 24(1), 27–33.

Rupert, R. (2004). Challenges to the hypothesis of extended cognition. *Journal of Philosophy* 101, 389–428.

Rupert, R. (2011). Embodiment, consciousness, and the massively representational mind. *Philosophical Topics*, 39(1), 99–120.

Ryan, K. & Gallagher, S. (2020). Between ecological psychology and enactivism: Is there resonance? *Frontiers in Psychology*, 11, 1147. DOI: https://doi.org/10.3389/fpsyg.2020.01147.

Saxe, R. & Kanwisher, N. (2003). People thinking about thinking people: The role of the temporo-parietal junction in "theory of mind." *Neuroimage*, 19(4), 1835–1842.

Schiavio, A. & Høffding, S. (2015). Playing together without communicating? A pre-reflective and enactive account of joint musical performance. *Musicae Scientiae*, 19(4), 366–388.

Schwartenbeck, P., FitzGerald, T., Dolan, R. J., & Friston, K. (2013) Exploration, novelty, surprise, and free energy minimization. *Frontiers in Psychology*, 4, 710. DOI: https://doi.org/10.3389/fpsyg.2013.00710.

Shapiro, L. (2004). *The Mind Incarnate*. Cambridge, MA: MIT Press.

Shapiro, L. (2007). The embodied cognition research programme. *Philosophy Compass*, 2(2), 338–346.

Shapiro, L. (2014). Book review: *Radicalizing Enactivism: Basic Minds without Content. Mind*, 123(489), 213–220.

Shapiro, L. & Spaulding, S. (2021). Embodied cognition. *The Stanford Encyclopedia of Philosophy*, ed. E. Zalta. https://plato.stanford.edu/archives/win2021/entries/embodied-cognition/.

Shea, N. (2018). *Representation in Cognitive Science*. Oxford: Oxford University Press.

Skulmowski, A. & Rey, G. D. (2018). Embodied learning: Introducing a taxonomy based on bodily engagement and task integration. *Cognitive Research: Principles and Implications*, 3(1), 1–10.

Smith, B. C. (1996). *On the Origin of Objects*. Cambridge, MA: MIT Press.

Smortchkova, J., Dołęga, K., & Schlicht, T. (eds.) (2020). *What Are Mental Representations?* Oxford: Oxford University Press.

Soto-Andrade, J. (2018). Enactive metaphorising in the learning of mathematics. In G. Kaiser, H. Forgasz, M. Graven et al. (eds.), *Invited Lectures from the 13th International Congress on Mathematical Education*. Cham: Springer, pp. 619–637.

Sprevak, M. (2009). Extended cognition and functionalism. *Journal of Philosophy*, 106(9), 503–527.

Stapleton, M. (2013). Steps to a "properly embodied" cognitive science. *Cognitive Systems Research*, 22–23, 1–11.

Sterelny, K. (2010). Minds: Extended or scaffolded? *Phenomenology and the Cognitive Sciences*, 9(4), 465–481.

Sutton, J. (2010). Exograms and interdisciplinarity: History, the extended mind and the civilizing process. In R. Menary (ed.), *The Extended Mind*. Cambridge, MA: MIT Press, pp. 189–225.

Sutton, J. & Tribble, E. (2011). Cognitive ecology as a framework for Shakespearean studies. *Shakespeare Studies*, 39, 94–103.

Thompson, E. (2005). Sensorimotor subjectivity and the enactive approach to experience. *Phenomenology and the Cognitive Sciences*, 4(4), 407–427.

Thompson, E. (2007). *Mind in Life: Biology, Phenomenology and the Sciences of Mind*, Cambridge, MA: Harvard University Press.

Thompson, E. & Varela, F. (2001). Radical embodiment: Neural dynamics and consciousness. *Trends in Cognitive Sciences* 5(10), 418–425.

Tognoli, E. & Kelso, J. A. S (2015). The coordination dynamics of social neuromarkers. *Frontiers in Human Neuroscience*, 9, 563. DOI: https://doi.org/10.3389/fnhum.2015.00563.

Tognoli, E., Zhang, M., Fuchs, A., Beetle, C., & Kelso, J. A. S. (2020). Coordination dynamics: A foundation for understanding social behavior. *Frontiers in Human Neuroscience*, 14, 317. DOI: https://doi.org/10.3389/fnhum.2020.00317.

Trevarthen, C. (1979). Communication and cooperation in early infancy: A description of primary intersubjectivity. In M. Bullowa (ed.), *Before Speech*. Cambridge: Cambridge University Press, pp. 321–348.

Trevarthen, C. & Hubley, P. (1978). Secondary intersubjectivity: Confidence, confiding and acts of meaning in the first year. In A. Lock (ed.), *Action, Gesture and Symbol: The Emergence of Language*. London: Academic Press, pp. 183–229.

Tribble, E. (2011). *Cognition in the Globe: Attention and Memory in Shakespeare's Theatre*. Berlin: Springer.

Tsakiris, M. (2010). My body in the brain: A neurocognitive model of body-ownership. *Neuropsychologia*, 48(3), 703–712.

Van Den Herik, J. C. (2018). Attentional actions: An ecological-enactive account of utterances of concrete words. *Psychology of Language and Communication*, 22(1), 90–123.

Van Der Schyff, D., Schiavio, A., Walton, A., Velardo, V., & Chemero, A. (2018). Musical creativity and the embodied mind: Exploring the possibilities of 4E cognition and dynamical systems theory. *Music & Science*, 1, 1–18, https://doi.org/10.1177/2059204318792319.

Varela, F. J. (1996). Neurophenomenology: A methodological remedy for the hard problem. *Journal of Consciousness Studies*, 3(4), 330–349.

Varela, F. J. (1999) Present-time consciousness. *Journal of Consciousness Studies*, 6(2–3), 111–140.

Varela, F. J., Thompson, E., & Rosch, E. (1991). *The Embodied Mind: Cognitive Science and Human Experience*. Cambridge: MIT Press. (『身体化された心――仏教思想からのエナクティブ・アプローチ』(田中靖夫訳) 工作舎、二〇〇一年)

Varga, S. (2018). Interpersonal judgments, embodied reasoning, and juridical legitimacy. In A. Newen, L. de Bruin, & S. Gallagher (eds.), *The Oxford Handbook of 4E Cognition*. Oxford: Oxford University Press, pp. 863–874.

Varga, S. & Heck, D. H. (2017). Rhythms of the body, rhythms of the brain: Respiration, neural oscillations, and embodied cognition. *Consciousness and Cognition*, 56, 77–90.

Wadham, J. (2016). Common-sense functionalism and the extended mind. *Philosophical Quarterly*, 66(262), 136–151.

Ward, D., Silverman, D., & Villalobos, M. (2017). Introduction: The varieties of enactivism. *Topoi*, 36(3), 365–375.

Wheeler, M. (2005). *Reconstructing the Cognitive World*. Cambridge, MA: MIT Press.

Wheeler, M. (2012). Minds, things and materiality. In J. Schulkin (ed.), *Action, Perception and the Brain*. Basingstoke: Palgrave-Macmillan, pp. 147–163.

Wheeler, M. (2018). Talking about more than heads: The embodied, embedded and extended creative mind. In B. Gaut & M. Kieran (eds.), *Creativity and Philosophy*. London: Routledge, pp. 230–250.

Wheeler, M. (2019). Breaking the waves: Beyond parity and complementarity in the arguments for extended cognition.

In M. Colombo, L. Irvine, & M. Stapleton (eds.), *Andy Clark and Critics*. Oxford: Oxford University Press, pp. 81–97.

Wheeler, M. & Clark, A. (2008) Culture, embodiment and genes: Unravelling the triple helix. *Philosophical Transactions of the Royal Society Series B*, 363, 3563–3575.

Wiese, W. & Friston, K. (2021). Examining the continuity between life and mind: Is there a continuity between autopoietic intentionality and representationality? *Philosophies*, 6(1), 1–18.

Wilson, M. (2002). Six views of embodied cognition. *Psychonomic Bulletin & Review*, 9(4), 625–636.

Wimmer, H. & Perner, J. (1983). Beliefs about beliefs: Representation and constraining function of wrong beliefs in young children's understanding of deception. *Cognition*, 13(1), 103–128.

Woodward, J. (2003). *Making Things Happen: A Theory of Causal Explanation*. Oxford: Oxford University Press.

Yarbus, A. (1967). *Eye Movements and Vision*. New York: Plenum Press.

Zahidi, K. & Myin, E. (2016). Radically enactive numerical cognition. In G. Etzelmuller & C. Tewes (eds.), *Embodiment in Evolution and Culture*. Tübingen: Mohr Siebeck, pp. 57–71.

Zelano, C., Jiang, H., Zhou, G. et al. (2016). Nasal respiration entrains human limbic oscillations and modulates cognitive function. *Journal of Neuroscience*, 36(49), 12448–12467.

Zhang, M., Kalies, W. D., Kelso, J. S., & Tognoli, E. (2020). Topological portraits of multiscale coordination dynamics. *Journal of Neuroscience Methods*, 339, 108672.

Ziemke, T. (2001). Are robots embodied. *Modeling Cognitive Development in Robotic Systems*, 85, 701–746.

Zlatev, J. (2010). Phenomenology and cognitive linguistics. In S. Gallagher & D. Schmicking (eds.), *Handbook of Phenomenology and Cognitive Science*. Dordrecht: Springer, 415–443.

索引

【著者】
ショーン・ギャラガー（Shaun Gallagher）
1948 年生まれ．アメリカ合衆国の哲学者．カニジウス・カレッジ教授，セントラル・フロリダ大学教授を経て，現在，メンフィス大学リリアン＆モリー・モス哲学講座教授．主な著者に The Self and its Disorders（Oxford University Press, 2024），Phenomenology（second ed.）（Palgrave-Macmillan, 2022），Action and Interaction（Oxford University Press, 2020），Enactivist Interventions: Rethinking the Mind（Oxford University Press, 2017）など．身体性認知とエナクティビズムを代表する哲学者として国際的な活躍を続けている．

【訳・解説】
田中彰吾（たなか・しょうご）
1971 年生まれ．2003 年，東京工業大学大学院社会理工学研究科博士課程修了．博士（学術）．現在，東海大学文化社会学部教授／文明研究所所長．2013–14 年，2016–17 年にかけてハイデルベルク大学にて客員研究員．専門は身体性哲学，および現象学的心理学．主な業績として『生きられた〈私〉をもとめて――身体・意識・他者』（単著，北大路書房），『自己と他者――身体性のパースペクティヴから』（単著，東京大学出版会），『身体と魂の思想史――「大きな理性」の行方』（単著，講談社）など．

身体性認知とは何か
4E認知の地平

2025年3月24日　初　版

［検印廃止］

著　者　ショーン・ギャラガー

訳・解説　田中彰吾

発行所　一般財団法人　東京大学出版会

代表者　中島隆博

153-0041 東京都目黒区駒場4-5-29
https://www.utp.or.jp/
電話　03-6407-1069　Fax 03-6407-1991
振替　00160-6-59964

装　幀　服部一成・榎本紗織
組　版　有限会社プログレス
印刷所　株式会社ヒライ
製本所　牧製本印刷株式会社

ISBN 978-4-13-010161-5　Printed in Japan

自己と他者——身体性のパースペクティヴから
（知の生態学の冒険　J・J・ギブソンの継承 3）
田中彰吾

身体性に関連する認知科学・神経科学の主なトピックを取り上げ、自己と他者の身体的な相互作用を生態学的現象学から考察する。脳内過程ではなく、「脳—身体—環境」というエコロジカルな連続性のもとでの身体的経験の理解を通じて自己と他者が出会う社会的環境を描き直す。
本体 3,300円+税

アフォーダンス——そのルーツと最前線
（知の生態学の冒険　J・J・ギブソンの継承 9）
河野哲也／田中彰吾

J・J・ギブソン発案の最重要概念であるアフォーダンス。その実相や可能性について心理学の歴史を遡ることで辿り、神経科学との接点をも探る。さらには対人関係や社会制度における社会的アフォーダンスを論じ、「流体の存在論」へといたる、シン・アフォーダンスの書。
本体 3,400円+税

心と身体
（認知科学講座 1）
嶋田総太郎 編

第 1 巻は、初期の記号主義認知科学に対するアンチテーゼとして現れた身体性認知科学について扱う。人間の認知は身体の処理に根差しつつ、それをはるかに超える抽象的な知性を獲得してきた。身体性から始めて、それを超える高次の認知や意識のメカニズムを考えるための枠組みを示す。
本体 3,200円+税